职场逆袭

SPEED高效能管理法

颜丰果 著

中国铁道出版社有限公司
CHINA RAILWAY PUBLISHING HOUSE CO., LTD.

北 京

图书在版编目（CIP）数据

职场逆袭：SPEED 高效能管理法 / 颜丰果著. —
北京：中国铁道出版社有限公司，2025.5. — ISBN
978-7-113-32155-0

Ⅰ. F272

中国国家版本馆 CIP 数据核字第 2025C52N82 号

书　　名：职场逆袭——SPEED 高效能管理法
ZHICHANG NIXI: SPEED GAOXIAONENG GUANLI FA

作　　者：颜丰果

责任编辑：荆然子　　编辑部电话：（010）51873064　　电子邮箱：jingzhizhi@126.com
封面设计：郭瑾萱
责任校对：苗　丹
责任印制：赵星辰

出版发行：中国铁道出版社有限公司（100054，北京市西城区右安门西街 8 号）
网　　址：https://www.tdpress.com
印　　刷：河北宝昌佳彩印刷有限公司
版　　次：2025 年 5 月第 1 版　　2025 年 5 月第 1 次印刷
开　　本：710 mm×1 000 mm　1/16　印张：13.5　字数：145 千
书　　号：ISBN 978-7-113-32155-0
定　　价：68.00 元

版权所有　侵权必究

凡购买铁道版图书，如有印制质量问题，请与本社读者服务部联系调换。电话：（010）51873174
打击盗版举报电话：（010）63549461

推荐序
二十六年磨一"剑"

青岛市品牌文化研究会会长

杨克明

与颜丰果老师相识已逾十年,我对她一直充满着好感和尊敬。成长于江南,工作于青岛,也许受这两种地理文化环境的熏陶和影响,颜老师兼具江南女子的温婉灵秀和北方女子的豪爽大气。

让我印象深刻的是颜老师的好学、博学和出众的文笔。刚开始对她的了解,来自《青岛早报》《半岛都市报》等一些媒体报道,颜老师作为城市读书人的代表,受访畅谈自己的读书故事。颜老师的个人公众号"丰果知行",我也一直关注,经常看她在文章中挥洒自如。

后来颜老师转行做职业培训师,每天穿行于大江南北。在繁忙的工作之余,还开发出具有自主版权的课程和作品,这本《职场逆袭——SPEED

高效能管理法》就是其中之一。

俗话说，十年磨一剑。而颜丰果老师推出的这把"SPEED 效能剑"，磨了二十六年。她将二十六年的职业生涯经验，用心总结形成一套适用于团队管理、时间管理和职业生涯管理的工具分享给大众。

颜老师传奇的职业发展经历、丰富的培训经验及酣畅细腻的文笔，使本书内容不仅实用、接地气，而且文字优美、语言生动、引经据典、案例丰富，用一句流行的话来概括就是"有趣、有用、有料"，读起来是一种享受，令人爱不释手。

我跟颜老师有一个共同点：都是从技术人员转行成了管理培训师。因为共同的爱好和相似的职业，我们有很多的交集：多次共同参会，共同学习，共同组织策划活动，共同编辑会刊、杂志等。在我的印象中，颜老师是一个不管干什么，都很认真而且能够出彩的人。比如在人才济济的世界 500 强企业中，颜老师也能在多个方面出类拔萃，荣誉加身；她文笔出众，个人公众号粉丝众多；她酷爱读书，多次成为读书栏目的主角；她参加培训师推优大赛，第一次出马就荣获赛区冠军。如今她在全国各地传道授业，备受学员的喜爱……

我对 SPEED 高效能管理体系最早的学习和了解，是颜老师在 2022 年第十届青岛培训发展论坛会刊的一篇投稿《"SPEED 效能剑"，炼成高效能管理者》。颜老师在文章中对她独创的 SPEED 高效能管理体系做了简要的介绍，这让我眼前一亮：这套方法很实用！不管是对自我管理还是组织管理，

SPEED高效能管理法都很适用。因为这个模型不是想出来的，不是设计出来的，而是干出来的，是她从二十多年的实践中总结出来的。这些年又经过无数次的分享和传播，上万人学习践行、从中获益，所以它具有普适性和实用性。

本书与其说是工具书，不如说是案例书；与其说是管理书，不如说是励志书。书中有大量故事案例，或工作或生活，或历史或当下，或影视或书刊，信手拈来，通俗易懂，但都蕴含哲理、给人启迪。其中最令人印象深刻的是颜老师本人的成长故事——一个"普通"江南女孩，成长为一名优秀职业培训师的故事。这些故事，让人在学习、欣赏、敬佩、备受鼓舞之余，也感慨"功夫得来不寻常""成功也会有方法"。

颜老师的人生之路，就是SPEED高效能管理体系的最好例证。

巧合的是，这套方法与著名的OEC管理有异曲同工之妙。OEC管理是诞生于海尔的一种基础管理模式，又叫"日清管理法"，它由目标体系、日清体系、激励体系三部分构成。我在海尔工作期间，天天都用。OEC管理告诉人们，凡事先确立目标，然后"日事日毕、日清日高"，最后要有总结和激励。这跟SPEED高效能管理体系中的大局规划（strategy）、周密计划（plan）、极致执行（extreme execution）和成功交付（delivery）四步，大道相通、术法同理。

颜老师说，"时间就像一把雕刻刀，善用它就能把自己雕刻成想要的样子"。这个"想要的样子"，就是一个人的理想或目标。颜丰果老师通过这本书，送给我们一把非常实用的时光雕刻刀——"SPEED 效能剑"。在人生旅程和组织发展中，这把"锋利的宝剑"能助我们一臂之力！

2025 年 1 月于青岛洪山书院

自序
掌握这个方法，普通人也能逆袭

一

二十六年磨一剑。

从1998年大学毕业至今，我在职场上摸爬滚打已逾二十六年。我用这二十六年的学习和成长经历，磨出了一把SPEED高效能管理体系®之利剑，用于把想法和目标转化为可见的实际成果，在多年的教学授课中帮助了数万学员。线下课堂的学员容量毕竟有限，于是我把这套方法写成了书。现在我要把它送给翻开本书的你，助你在未来的成长道路上披荆斩棘、加速前进。

人工智能、大数据等先进技术的迅猛发展，使当下与未来对优质人才的需求更加迫切，对人才的要求也会更加严格。如何快速且持续不断地自我更新、成为不可或缺的人才，是每一个有志青年关心的问题。仅靠勤奋努力已不足够，必须要借助正确的方法有效地努力。正确且系统的方法能摆脱对智商和天赋的过度依赖，让像你我这样的普通人可以如愿获得成功。

而我对于"成功"的定义是达成预期的目标。

在接受一家媒体采访时，我曾被问到一个问题"你的成长经历中最核心的方法论是什么"。答案就是这个独门秘籍——"SPEED 高效能管理体系©"（SPEED highly effective management system©），这是我从这些年的学习和实践中提炼出来的一个模型和方法论，是将这二十六年职场实战经验浓缩而成的精华。这个理论模型和方法论已经在国家版权局登记版权，成为我的知识作品（登记号：国作登字 -2022-L-10224676、国作登字 -2022-F-10244419）。

这套完整的高效能管理体系包含规划（strategy）、计划（plan）、执行（extreme execution）和交付（delivery）四个环节，帮你一步步把目标转化为成果。取这四个环节的英文单词首字母组成 speed 这个单词，中文含义之一为"速度"，又取宝剑之快速精准之意，所以我冠之以"SPEED 效能剑"的名称。手握这把"SPEED 效能剑"，你就能直击目标，聚焦发力，精准快速地斩获成果。

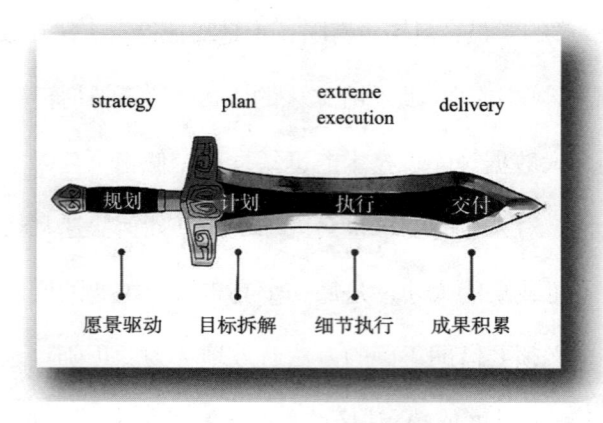

（"效能剑"，即 SPEED 高效能管理体系©）

规划（strategy）：基于对自我的认知，听从本心，对未来的人生先有大局观、愿景和方向，以终为始，从顶层设计自己的人生，具备更高的视野和格局。

计划（plan）：愿景要落地，拆解到具体的目标和行动计划，才有实现的可能。那些好高骛远的人往往是缺了这一步，所以导致"理想很丰满，现实很骨感"。

执行（extreme execution）：诱人的计划和实际的结果，就好像一条河的两岸，架在河上的唯一桥梁就是行动，而且依靠极度高效的执行力，善用时间管理和提升专注力是极度高效执行力的保障。向着清晰的目标高效行动并且积累成果，是职场人的核心竞争力之一。

交付（delivery）：职场中，结果就是业绩。只有通过高效行动，切实达到预期效果，经过接收方验收和确认，才算是真正完成，如此形成了闭环。而且还要通过复盘持续精进，把经验教训应用于下一个目标。一个又一个地达成目标，你的人生就这么持续上升，不断达到新高度。

规划提供了方向感和驱动力，计划通过拆解目标降低了难度，执行从细节上保证了效率和质量，点滴的成果积累达成了最终的交付。这就是该系统发生作用的设计原理，它使得每一个环节都能保持强大执行力，即使再宏伟远大的目标和想法，最后也能落地成切实可见的成果。它让我们从大局着眼，从小处入手，既有全局视野，又关注细节。

这些年大量企业和个人案例证明，这个SPEED高效能管理体系©，不仅适用于自我管理，帮助个人实现目标、提升效能、实现快速成长，而且适用于管理者，帮助其带领团队向目标出发，达成结果，提升团队的执行力和绩效，也适用于管理工作和生活中的各种具体项目和活动，甚至适用于帮助孩子提升学习成绩和学习效能，应用场景非常多。本书以自我管理的应用场景为主要内容，加入一些团队管理和生活中的案例。毕竟，先做好自我管理，才是管理他人和教育孩子的基础。在阅读时，你也可以举一反三，把这个方法应用到团队管理、孩子的学业管理或者其他更多的场景中。

二

第一章侧重于理解和认知，先通过简单概述SPEED高效能管理体系，使读者对它有一个全局性的了解，以及理解几个重要概念。从故事入手，说明需要它的原因、它能带来哪些不同。最好不要跳过这章而迫不及待地去阅读后面章节有关方法的内容，因为知其然还要知其所以然，建立了正确的认知，方法才能奏效，努力才不会白费。

第二章到第五章侧重于方法和实操，分别对应四个环节：规划、计划、执行和交付。这几章会通过很多真实案例，阐述具体方法和精细到每一步的实操步骤。

方法来自我多年的亲身实践，也许其中部分内容你可能从其他渠道了解过，本书的独特之处是除了方法本身我还会分享自己的实践心得，会基于实践经验，对方法进行优化，使得它更加实用、更具操作性。除此之外，我还在实践过程中设计开发了很多配套的实操工具，以保证方法的进一步落地和奏效。

为了便于本书内容的应用，我为每一个主要方法和工具设计了配套的实操练习。我强烈建议阅读本书时，用铅笔和橡皮做书中练习，并随时修改，把脑中出现的想法或感悟及时记录下来。通过这些练习和你的笔记，你会将书中的知识和方法，在不知不觉中内化成自己的知识和方法，然后形成属于自己的高效能管理体系。

某著名投资人曾说过："要想写出一本伟大的书，你必须首先成为这本书。"后半句是对本书精准的形容。从某种程度而言，本书就是我的个人成长史，涵盖了我二十六年成长中的丰富经历。有人说："如果一本书中，'建议'很少，但是作者自己面对挑战、找到解决方案的'经历'很多，那你大概率是找到宝了。"

我认为，持续不断的自我成长靠的不是"灌鸡汤""打鸡血"，也不是靠别人零碎的点滴经验或者自己的心血来潮，而是靠学习一套实用有效的方法论，通过举一反三、灵活应用，建立起一套稳固、内化于心的高效能自我管理体系。

三

如果你现在面临以下任何一项困扰：缺乏目标和动力、行动力不足、工作热情和积极性不高、工作效率低、对自己的认知不足、易受他人影响、缺乏自驱力与成就感、拖延行为严重、不会管理时间、职场提升慢、缺乏掌控感，等等，那么本书就是为你量身定制的。平常经常听到有人自怨自艾"我不行""我不如别人"，其实这些想法都是自我蒙蔽。其实只要你想改变，并且用对了方法，你就可以改变。

不管你目前处在什么岗位、职业阶段或人生阶段，我相信这本书都会让你有所收获。毕竟自我成长和时间管理是每一个人一生都要面临的功课，你还会为在自我探索的旅途中不断发现新自我而惊喜。如果你身在管理岗位，书里涉及关于企业和团队管理的理念和案例可能会让你有所共鸣和收获。如果你为人父母，你从书中收获的理念和方法，通过潜移默化影响，也会让孩子受益。

亲爱的读者，这就是我要送给你的武器，希望你能开启一扇新大门，脱颖而出，实现职场逆袭。你会发现一个美丽新世界正在你面前徐徐展开，让我们一起佩剑上马，踏上这趟武功修炼之旅吧！

感恩在写书过程中与我分享自己的经历和反馈的朋友。也要感谢我的父母，他们的养育与爱给了我源源不断的内在成长动力。我的家人给予了我很多支持与理解，让我可以尽情写作而免受琐事的烦扰。将要成年的儿子在应用这套方法的过程中给我提供了反馈与建议，使得本书更加贴近"00后"读者，可爱的女儿经常用她的笑脸与拥抱给我以力量。

感恩我在职场上所遇到的领导、同事、客户、合作伙伴，以及所有支持我的人！

感恩每一位有缘翻开本书的读者！

作　者

2025 年 1 月

目录

第一章　SPEED 效能剑的优势 …………………… 1

第一节　磨剑之路：用时间雕刻自己 …………………… 2
一、初入职场的低迷 …………………… 2
二、偶然的改变契机 …………………… 3

第二节　电影里的职场启示 …………………… 4
一、强大心智变不可能为可能 …………………… 5
二、拆解拼搏之路 …………………… 8
三、肖申克里的成功密码 …………………… 9

第三节　三种认知升级：奔向目标不偏航 …………………… 12
一、重效能，而非效率 …………………… 13
二、管自己，而非时间 …………………… 17
三、要内观，而非外求 …………………… 20

第二章 大局规划（strategy）：以终为始，以梦为马 ……… 25

第一节 自我认知：四大维度和三个途径 …………… 26
一、遇见冰山下的自己 ……………………………… 26
二、性格：发现独一无二的自己 …………………… 29
三、兴趣：挖掘热情的源泉 ………………………… 30
四、能力：职场拼搏的硬通货 ……………………… 35
五、价值观：坚守内心的信念 ……………………… 38
六、三个途径，看见真实的自己 …………………… 42

第二节 人生愿景：找到使命感，开启内驱力 ……… 48
一、孙少平的选择，是愿景的觉醒 ………………… 49
二、村上春树的转行，是内心的召唤 ……………… 52
三、人生愿景带来强大信念 ………………………… 53
四、三个尝试，探索人生愿景 ……………………… 55

第三节 全局规划：设计高效能人生 ………………… 59
一、梦想清单：人生设计的起点 …………………… 59
二、平衡模型：人生考场不偏科 …………………… 62

第三章 周密计划（plan）：志凌九霄，行稳致远 ……… 69

第一节 梦想变身目标，才能落地 …………………… 70
一、目标的巨大作用 ………………………………… 70

二、七个字母定目标 72

第二节　目标变成计划，才有路径 77
　　一、目标经拆解后其实不难达成 77
　　二、掌握拆解技巧，迅速提高执行力 85
　　三、拆解过程，需警惕四个陷阱 90

第三节　让梦想融入每日生活，方能成真 93
　　一、四个象限，明确优先顺序 93
　　二、4D 策略：管理优先级 98

第四章　极致执行（extreme execution）：千里之行，始于足下 103

第一节　对症下药，"拖延症"不难治 104
　　一、原来大师也有"拖延症" 105
　　二、找到动力，治疗"缺乏动力型"拖延 107
　　三、降低难度，克服"信心不足型"拖延 116
　　四、专注聚焦，拯救"分心干扰型"拖延 118
　　五、及时反馈，应对"目标遥远型"拖延 132

第二节　提高专注力，方能取得成果 141
　　一、一个公式，洞悉职场"摸鱼"本质 141
　　二、三种方法，铸就非凡专注力 146

第三节　善用碎片时间，挖掘巨大宝藏 150
　　一、时间碎片化，目标与结果体系化 150

二、建立个人知识库，将碎片成果体系化...............152

三、四标准法，决定碎片时间做什么...............155

四、合理任务统筹，碎片时间效率最大化...............159

第四节 记录时间账本，明晰时间去向...............161

一、时间账本的好处...............161

二、如何记录时间账本...............164

三、时间账本的用途...............168

第五章 成功交付（delivery）：日积月累，成果丰硕...............173

第一节 交付：万里长城这样建成...............174

一、三个要领，实现成果导向...............174

二、四个动作，确保交付闭环...............182

第二节 复盘：开启持续精进模式...............188

一、做自己的职业教练...............188

二、复盘的四个步骤...............190

第一章

SPEED效能剑的优势

通过我的职场发展经历和电影里的故事,感受SPEED高效能管理体系©的作用和力量。在开始运用这个系统之前先完成三个认知的升级:比起效率,效能更为重要、更应该被关注;时间管理真正要管理的是自己,而非时间;在自我管理和自我提升的道路上,要着力内观,而非外求。

第一节　磨剑之路：用时间雕刻自己

SPEED高效能管理体系©是我在二十六年的职场生活中打磨出来的一把利剑。在我的职场经历中，你可能会看到自己的影子，获得启示和力量。

一、初入职场的低迷

1998年我大学毕业初入职场，从家庭、学历，到天资、能力，都非常普通。我幸运地通过层层面试，入职了一家通信行业世界五百强外企，成为研发部门的一名软件工程师。

我只有本科学历，专业成绩和英语能力都很一般。而我的同事大多是硕士、博士，有些甚至是名校毕业或者留学生。面对这么大的差距，我感到自卑。

而且刚刚接触软件研发这个工作，对前途惴惴不安，迷茫又焦虑，每天都处在自我怀疑和自我否定中，工作没动力，生活也没目标。业余时间都用于看电视剧、打游戏这些娱乐活动。

后来一件事的发生让我脱胎换骨。你不知道在哪个拐角处，就藏着改变你一生的契机。

二、偶然的改变契机

2000年初，我参加公司组织的一个时间管理培训，除了内容讲解还有很多现场讨论、互动和练习。第一次接触到"时间管理"这个主题，我被深深地触动了，悔恨和反省浪费了那么多宝贵的时间，而且从来也没有思考过未来的人生愿景和目标，每天庸碌低效、虚度光阴，做事三分钟热度。课程结束后，我的改变开始了……

那次培训让我对时间管理产生了浓厚的兴趣，想要更加深入学习，于是我开始大量阅读相关书籍。我边读边认真做笔记，并且把书中的方法应用到工作和生活中，慢慢地取得了一些小成绩。我对自己有了越来越多的了解，认识自己的性格特点、兴趣、能力，思考在当前不喜欢的工作中有哪些优势可以发挥，如何从工作中找到乐趣和动力。当我静下心来用心、尽力去做，我发现原本讨厌的技术工作其实也没那么不可忍受，甚至还能从克服挑战中获得乐趣和成就感。当我不再想如何超越别人，而是和过去的自己比，每天进步一点点，我不再那么自卑和焦虑，越来越自信和踏实。把所学知识应用于实际，让我开始对学习产生了浓厚的兴趣。

我开始善用时间，有意识地提升自己的专业能力、职场各项软技能和英语口语。我利用业余时间考取西安交通大学，在职攻读计算机专业的硕士学位。因为态度和能力被认可，在工作中我越来越多参与重要项目，绩效得到了很大提升，并晋升到管理层。我充分利用去美国出差、参加越洋电话会议、参加国际知名演讲俱乐部等各种机会发奋练习英语口语。

我不仅自己阅读和学习课程，还主动把学习收获和心得通过讲座分享给同事。教是最好的学，分享过程中我对所讲内容理解得更加深入和透彻。慢慢地我开发出"时间管理""职场演讲技巧""职业阳光心态""商务英语写作"等几门课程。讲座的反响很好，领导把这些课程列为新员工入职必修课，我顺理成章成为公司兼职内训师。这个我自己主动"设立"的兼职岗位，不仅极大地锻炼了我的讲课能力，带给我比本职工作更多的乐趣与成就感，也促进了公司的人才发展与学习型文化的创建。读书、学习和成长令我感受到更为高级和持久的愉悦感和成就感，自然而然地我就放弃了那些曾经令我欲罢不能的娱乐方式。

就这样，我开始了持续不断的自我提升和努力精进之旅，时间就像一把雕刻刀，善用它就能把自己雕刻成想要的样子。也是从那时开始，我心中播下了"终身学习和终身成长"的种子。有耕耘就有收获，努力总会被看见，逐渐地我取得了一些成绩，就像毛毛虫褪去茧壳，蜕变为美丽的蝴蝶，飞向更广阔的天空。

第二节　电影里的职场启示

电影史上有一部经典电影《肖申克的救赎》，多年始终高居各大排名榜榜首，里面蕴含着丰富的职场启示。

一、强大心智变不可能为可能

男主安迪受过良好教育、前途无量,无辜的他被错判无期徒刑,含冤入狱。他用二十七年实现了重获自由的目标,创造了一个奇迹。

经过一段时间的沮丧和痛苦之后,安迪的心态开始转变,燃起重获自由的希望,并且这个信念越来越强大和坚定,不管结果如何,都要努力争取。也许不能改变环境、不能改变他人,但至少还可以选择自己应对的态度。

这让我想起了另一个类似的真实故事。

著名的奥地利心理学家维克多·弗兰克尔二战期间被关进纳粹集中营。他曾是待决囚徒,饱受摧残,最后竟死里逃生,成为为数不多的幸存者。弗兰克尔发现,那些精神状态好、身体强壮的囚徒,更容易活下来。在集中营死去的人当中,有些不是被纳粹直接杀害的,而是因绝望而自杀或病死。有一个集中营里的囚犯,梦见战争即将结束,因而充满希望,但一段时间后并没有战争结束的消息。某日他突然发烧昏迷,第二天就去世了。这是由于突然失去希望和勇气而导致免疫力急剧下降,引起伤寒发作。这不是个例,1944年圣诞到1945年元旦是死亡高峰,多数犯人天真地以为能在圣诞节前回家,但希望的破灭严重削弱了他们的抵抗力,让他们走向死亡。而弗兰克尔则始终对生存抱有极强的信念,他一直有写书的渴望,常常想象战后到各地举办心理学专题讲座,强烈期盼有朝一日能与爱妻重逢,这些都带给他无穷的精神动力,让他能超越眼前的苦难看到未来的美好愿景，支撑他活下去。

有一天独处囚室时弗兰克尔顿悟到"人即使在最恶劣的环境下，也还有选择自己态度的自由"，日后将其命名为"人类的终极自由"。人所拥有的任何东西，都可以被剥夺，唯独在任何境遇中选择自己态度和生活方式的自由，不能被剥夺。战争结束后，重获自由的他根据这段极端残酷的生命体验，开创了"意义疗法"这个心理治疗流派，短时间内完成《活出生命的意义》初稿，这本书后来成为心理学领域一部划时代的经典作品。

曾经有一位妻子病逝、患有严重抑郁症的老人向弗兰克尔咨询。他一直无法接受妻子的去世。弗兰克尔没有给他太多的建议，而是问了他一个简单的问题："如果你太太在你死后还活着，那会怎么样？"他答："那她一定会非常痛苦，她怎么能忍受得了。"弗兰克尔接着说："你现在这么痛苦，是因为你替你太太承受痛苦。"这位老人恍然大悟，找到了痛苦的"意义"，从苦里品尝到一丝甜。

弗兰克尔在集中营中发现的这个人性的特点，被史蒂芬·柯维先生借鉴于《高效能人士的七个习惯》一书里，即第一个习惯——积极主动。这个习惯其实是心智模式的再塑造。心智模式是一个人看待事物的诠释，是行为和态度的根本。要改变现状就要改变自己；要改变自己，就要升级自己的心智模式。面对一个外部刺激，心智模式不同，人的态度和反应也不同。经典的"半杯水问题"，有些人看到的是"只剩半杯水"，悲观与沮丧；有些人看到的是"还有半杯水"，庆幸与喜悦。

比如，员工培训是人才发展计划的一部分，重视人才发展的企业往往都会定期给员工提供各种各样的培训，以提升员工的各项能力和素养。对参加培训这件事，不同员工的诠释是不同的。有些员工把培训视作额外负担，认为参加培训会耽误工作，甚至还得加班，因而产生反感和抵触的情绪。而有些员工则把培训视作宝贵的学习机会和额外福利，即使耽误工作也心甘情愿。通过学习提升技能，再应用到工作中，提升了工作效率和质量，磨刀不误砍柴工。

要想使心智强大，就要完成从消极到主动的心智模式升级。图1.1和图1.2，出自《高效能人士的七个习惯》这本书。很多人是消极被动的心智模式，一旦受到外界刺激，就会本能地做出回应，也就是被动地受制于外部环境。面对困境和挑战，屈服退缩；面对危机和变故，恐惧绝望；面对批评和责备，愤怒辩解。

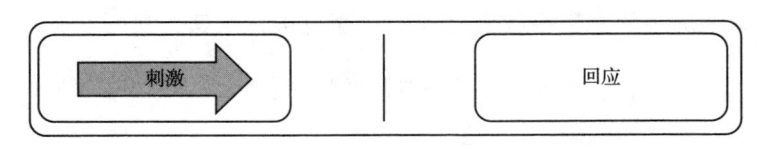

图 1.1　消极被动的心智模式

图 1.2　积极主动的心智模式

而那些拥有积极主动心智模式的人，则不会在外界刺激来临时被动回应，而是给自己选择的空间，转换视角从负面中看到正面价值和意义，从而迎接挑战、化解危机，视威胁为机会，变不利为有利。"在外界刺激和自己的反应之间存在一段距离，成长和幸福的关键就在于如何利用这段距离，这段距离就是'选择的自由'。"所谓心智的成长，就是指对这段距离的开发和利用。对这段距离进行有效开发和利用，能练就强大心智。

一个心智强大的典型是毛泽东主席，这点从他留下的很多诗词中都能看出。面对艰苦卓绝的战争和恶劣残酷的环境，他的反应却是"五岭逶迤腾细浪，乌蒙磅礴走泥丸""雄关漫道真如铁，而今迈步从头越""已是悬崖百丈冰，犹有花枝俏"。

可见，有卓越成就的人往往具备异常强大的内在力量。

理解并应用这个原理，对提升我的逆商和心智起到了巨大作用。比如，我不喜欢技术工作，不是辞职，而是激发自己的潜能和毅力，寻找乐趣，发挥自身的其他优势；比起同事我起点低、能力弱，不怨天尤人，而是多学习，享受进步的喜悦；收到领导的负面反馈，承认、接受，把反馈当成提醒自己的镜子，把挑战当成提升自己的梯子。

二、拆解拼搏之路

安迪是如何实现这个几乎不可能完成的目标的呢？

安迪对自由的向往、希望、信念、愿景……这些都可以统称为规划，不那么具体和清晰，却隐隐地指出了一个方向，带来力量。

他接下来制订了周密详尽的计划：用他的地质学知识，研究了监狱墙壁的混凝土构造和土质，分析了凿穿出逃通道的可能性；对监狱蓝图作了详细研究，掌握了污水管的改造计划，用来设计出逃通道和确定出逃行动的时间，等等。哪个环节出纰漏都可能使安迪所有的努力功亏一篑，所以计划要尽可能万无一失，考虑到每一处细节和风险。

有了计划之后就是长年坚持不懈地执行，通过一点点的行动不断靠近梦想和目标。

所有点点滴滴的行动，都紧紧围绕他心中那个遥远而宏伟的目标，并且在计划的指导下有条不紊地展开。所以，他不像其他狱友那样无聊地消磨时间，而是把所有时间都投入到这个有意义的目标和计划中去。很多人不珍惜时间，根本原因是没有找到那个他们愿意为之奋斗、努力的长远目标。

功夫不负有心人，多年的付出终于迎来激动人心的出逃时刻，安迪给自己交付了一个满意的结果。

当通道终于被凿通，在一个风雨交加的夜晚，安迪爬过狭长肮脏的通道和污水管，奔向了梦中憧憬已久的地方。他的成功出逃不仅救赎了自己，更给狱友带来了追求希望和自由的勇气。安迪代表了内心深处任何枷锁都无法封锁的部分，这个部分就叫希望与梦想。

三、肖申克里的成功密码

安迪为了重获自由而拼搏的整个过程，以强大心智为基础，经过了大局规划、周密计划、极致执行和成功交付这四个阶段。不管现在处在哪个人生阶段，每个人都可以将其运用到自身。

1. 规划

规划包括对未来发展的愿景和梦想、对职业生涯的规划、未来发展的方向等。规划的基础是自我认知和自我探索。对自我有了足够的了解，在以后的具体行动中才有了选择的依据，坚定自己的方向，不易人云亦云。这仿佛给自己提供了燃料，提供强大的内在动力和定力。

2. 计划

美好的愿景和梦想，需要通过制订清晰明确的目标和具体周全的计划来落实，那些好高骛远的人往往是缺了这一步。这个部分就像一张地图，会给人提供清晰的指引。还要根据目标把计划拆解为不同周期，例如三年或五年计划、年度计划、月计划、周计划、日计划，让长远目标能够影响每一天的行动。

3. 执行

正如寓言作家克雷洛夫所言："现实是此岸，理想是彼岸，中间隔着湍急的河流，行动则是架在河上的桥梁。"要从美好计划通往实际结果，唯能依靠行动，而且是极致高效的行动。千里之行，始于足下。再美好的未来，都是一步步走出来的。如何管理每天的时间，如何克服拖延，如何高效利用碎片时间，如何分析自己的时间开销，如何记录随时产生的想法和灵感，如何在点滴中积累？所有这些，都会影响到一个人的执行力和成效。

4. 交付

远大的规划、具体的计划、高效的执行，都是为了交付最后的成果，不论是向自己还是向别人交付。结果经过确认和验收，才真正形成了闭环，创造了价值。平时点滴积累的成果如何化零为整形成一个可交付的最终结果，历年来的成果如何保存和记录，如何向相关人汇报成果，这些都关系到能不能把创造的价值最大程度体现。还要通过复盘持续精进，把经验和教训用于下一个目标。一个又一个目标达成，人生不断达到新高度。

这就是序言中提到的"SPEED高效能管理体系©"模型，也是贯穿本书的逻辑主线。

有些人感叹自己庸庸碌碌、一事无成，其实原因并不是他们自己认为的那样——能力或者毅力不行，而是缺乏一套有效的系统方法。而这套方法顺应人性、遵从内心，积极快乐地去实现目标和积累成果，把自己当成一家公司去经营，把自己的一生当成项目去管理。规划让自己看清未来愿景和方向，建立大局观，开启内在驱动力的源泉；计划让自己看到如何一步步走到终点，经过拆解降低目标难度，每一步都足够简单易行；执行让自己高效推进，把每一个细节都做到位，最后自然水到渠成，收获成果；交付让自己把点点滴滴的小成果积累成最后胜利的果实，并且复盘全过程，汲取经验教训，持续精进。交付成果的成就感又会激励自己去实现下一个目标，复盘让自己不断升级迭代，一直保持正向循环。

这个系统中每一个环节都需要关键思维：规划需要懂得取舍的战略思维；计划需要由大化小的拆解思维；执行需要善于输出的成果思维；交付需要有始有终的闭环思维，如图1.3所示。

这四个步骤就像一套组合拳，规划提升动力、计划降低难度、执行关注细节、交付积累成果，在每一个环节保证强大的行动力。一旦建立这套高效能自我管理体系，就能够见微知著，既从大局着眼，又从小处入手，脚踏实地。就像驾驭直升机，升降自如，升可俯瞰宏观全景，降可洞察微观细节。

不管是我自己的职场逆袭故事，还是安迪的监狱逆袭故事，你都能从中看到高效能管理法带给人生的巨大不同，这就是两个故事的共同逻辑内核。下文将详细讲解这套系统的每个步骤、需要用到哪些配套的工具。

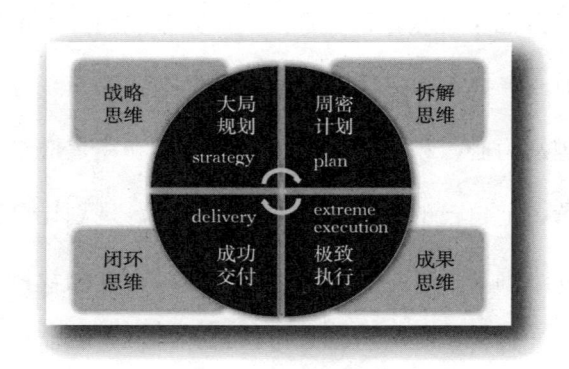

图 1.3　四种关键思维

第三节　三种认知升级：奔向目标不偏航

没有思维转换作为基础，行动就可能没有结果。正所谓"认知不对，努力白费"。因此，需要在以下三个方面先完成认知升级，方法和工具才能奏效。

一、重效能，而非效率

我在给企业做培训之前通常会让学员填一个问卷表，了解他们对自我管理和时间管理的认知水平和行为习惯。其中有一个问题"你认为时间管理是什么"，最多的答案是"时间管理是帮助人们更高效利用时间的方法"。大家普遍关注的是效率，在规定时间内怎么做更多事。但只关注效率会导致盲目求快，而忽略了其他更重要的要素，如效果、质量、方向、长期发展的可持续性等，而关注效能就不会忽略这些。

"效能"这个词，可能听起来有点陌生，它到底指什么？它和"效率"有什么本质区别？

效率是产出数量和时间的比值，即单位时间里的产出数量。只涉及时间和数量两个要素。而效能则是个更为综合和复杂的概念，涉及更多要素。史蒂芬·柯维的经典管理著作《高效能人士的七个习惯》里关于"效能"的定义是：<u>效能是指产出和产能的平衡。</u>

书中举了《伊索寓言》里鹅生金蛋的故事来说明。鹅生的金蛋是产出，这只鹅是资产，它生金蛋的能力是产能。这只鹅本来每天生一个金蛋，但是贪婪又急躁的农夫不满足于此，想在短时间内得到更多，也就是他想追求更高的效率。于是他把鹅杀了，企图一次性从肚子里取出很多金蛋，结果鹅死了，再也无法生产金蛋。这就是说，他把资产和产能彻底地破坏了，效能也就归零了。这是一个过分追求高效率而导致低效能的故事。

比起"高效率",更要努力去提升"高效能"。

对于效能来说,长期可持续性是一个很重要的因素。除此之外,还有哪些影响效能的因素呢?

在软件测试工作中,开发人员写好代码以后,交给测试人员找代码里的错误。有些测试人员效率很高,执行测试脚本的速度很快,但找不出错误;有些测试人员尽管进度慢,但找错误稳准狠。前者的测试效率比后者高,但后者的测试质量,即整体效能比前者更高。

这里影响效能的因素是质量。

有些学员跟我倾诉他们受到互联网上一些"一年读书两百本、四百本"信息的误导,盲目追求读书数量和效率,但没有关注真正吸收利用了多少,是否改变了自己的工作或生活,是否促进自己的成长。一年读两百本书,但没有任何输出和改变,还不如踏踏实实精读三十本好书,输出读书心得,把学到的方法付诸行动,落到实处,用于改善自己的思维或行为。这样效果更好,效能更高。

这里影响效能的因素是效果。

领导交给你一件任务,你并没有正确理解,尽管做得很快,但偏离了领导期望的方向和目标,虽然效率很高,整体效能却很低,甚至为负,因为还需要花费额外的成本和精力去补救。相比起做事慢一点,效率低一点,没有方向或找错方向才是最大的时间浪费。仅仅奔跑还不够,必须知道自己要跑向哪里。

这里影响效能的因素是方向和目标。

有些人一辈子做了很多事，看似很成功，但很少是出于自己内心真正的热爱，幸福感很低。这样的人生虽然效率很高，但效能很低，高效能的人生是兼具成功与幸福。

这里影响效能的因素是幸福感。

影响效能的因素有质量、效果、方向、目标、可持续性、幸福感等，这些都和效率和速度一样值得关注。只有在不舍弃这些的前提下，追求效率和速度才是有意义的。

效能对于企业管理同样重要。只重视效率的企业会一味追求快速发展和扩张，而忽略产品质量，破坏市场口碑；只重视效率的企业会盲目追求业绩和效益，忽略对于人才的培养，导致人才流失，失去了长期发展的竞争力；只重视效率的企业会看不清自身优势，制定战略时走错方向、找错目标，耗费大量人力和财力成本，却收获甚微。所以，高效能管理的核心在于公司业绩和人才发展的双赢平衡。公司业绩是鹅下的蛋，即产出。人才发展是鹅下蛋的能力，即产能。两者平衡才是真正的高效能企业。

效能对于企业管理有四点重要意义：保证工作的质量和方向，保证工作绩效的稳定，保证人才的质量和成长，保证可持续长期发展。

所以，对于企业管理者而言，重视并且提高效能尤为重要。《卓有成效的管理者》里有两句很重要的话说明了效能的重要性。"要想提高管理者的绩效和成就，使工作达到令人满意的程度，唯一可行的办法，就是提高效能，即有效性。""效能是使能力和知识资源能够产生更多更好成果的一种手段，也是管理者达成目标和绩效的必要手段。"

重视效能将带来以下认知升级：不仅要把事做好，而且要选择去做对的事，所以要注重培养选择和决策能力；除了效率还要重视质量、效果、目标、方向和可持续性；比起战术上的勤奋，要更注重培养战略思维和能力。

以前经常有学员问我："老师，你能不能教教我，怎样做事更快？有哪些节省时间的方法？"我会先反问他们一个问题："你要把节省下来的时间用来做什么？"因为，比起思考怎么节省时间的"效率"和"战术"思维，想清楚节省下来的时间用来做什么的"效能"和"战略"思维更重要。

读完本节内容，你可以做下面这个练习，反思过往，加深对"效能"的理解。

实操练习

你以前有过哪些因重视效能而取得成绩的经历，或者只重效率而忽略效能的经历？请写下来：

_____

_____

_____

_____

练习时间：_____

二、管自己，而非时间

在自我提升的路上，很多人都会走入这样一个误区：试图填满和利用每一分钟，制订严格的计划，每天的行程十分紧凑。现实偏离计划时很焦虑，任务完不成时很沮丧，不但没有因为时间管理而更有效率，反而产生放弃时间管理的念头。

我也曾经以为时间是我的对手，努力和它赛跑，最后才发现，其实自己才是真正要战胜的对手。

刚开始进行时间管理时，我非常忙碌，妄想着只要自己足够努力，学会管理时间，就一定能解决所有问题。

那段时间，我貌似高效地完成了很多事。但是，我并不快乐。我只顾埋头赶路，却忘了停下来问问自己，我为什么要做这些事？是出于别人的期待，还是完成自己的愿望？只是消磨时间，还是真正热爱？我想往哪里走？什么对我来说是真正重要的？我以为填满每一分钟就是珍惜时间，谁知却是最大的浪费。

问题的根源是，忽略了"自己"这个对于时间管理至关重要的角色。时间真的能被管理吗？时间有三个显而易见的特性：无法暂停、无法储存、无法倒流。时间的流逝，不以人的意志为转移，不管人们如何努力管理，它都在以不变的速度流逝。所以，时间根本不可能被人们管理，真正要管理的只能是自己。

人们很容易被时间"蒙骗",对过去、现在和未来的时间产生"流逝速度不同"的错觉。要想不被时间"蒙骗",就要提高对时间的感知力,当错觉出现时敏锐地识破并校准自己的感觉。和时间成为朋友而非沦为它的奴隶,找回对时间的掌控感,善用时间的力量为自己积累成果、朝着目标迈进。

要真正认识到"时间管理中,真正要管理的是自己,而非时间",就必须理解时间管理的定义和本质。所谓的时间管理,其实就是一句话"<u>选择对的事去做,并且把它做对</u>"。

这里有三个关键字:

1."选择"

时间是一个定量,每天只有二十四小时,时间管理是一门取舍的艺术。在有限的人生长度里,选择和舍弃哪些方向、目标、机会和关系?大学毕业是选择考研还是就业,是选择去一线城市还是家乡,职业发展道路上是选择技术岗位还是管理岗位,等等。在每一天有限的时间里,选择把时间投入到哪些事情中,舍弃掉哪些事情。

2."对(的事)"

既然是选择,就要有标准。"对"就是标准,这里的"对"是符合自己的愿景、价值观和目标的事。对企业来说,就是符合战略、价值观和目标的事。选对了事才有可能实现高效能,否则充其量只是高效率而已。

3."(做)对"

这是指实现预期的结果、达成绩效。只行动没结果,不算成功的时间管理。时间管理是实现人生目标和职业理想的必经之路。

综合以上三点,<u>时间管理的本质是自我管理</u>。真正要管理的是自己,管理自己的一切,包括梦想、目标、计划、成果、情绪、注意力、财产、健康、身材、精力、关系等。自我管理的前提是自我认知,认清自己内心真正想要的东西,确认内心深处的价值观,了解自己的性格、喜好、天赋、观念、情绪、习惯等,才会知道把有限的时间与精力,投入到哪里。优先级在哪里,时间投入到哪里,收获就在哪里。管理好自己的目标、精力、优先级、行动力,时间自然也就成为自己忠实的朋友。这就是为什么在《高效能人士的七个习惯》中,作者先用了不短的篇幅写第一篇"重新探索自我",再开始详细讲解第二篇"七大习惯"。

我的学员之一Y先生,当前任职一家企业的CFO(首席财务官)。他在大学时就读于计算机专业,由于对自己有足够清晰的认知,知道编程并非自己的热爱与优势所在,所以在大三时果断抓住了一个转行机会——进入全球领先的四大会计师事务所之一实习,从此踏入金融领域。在积累了一些工作经验之后,他考取了注册会计师证,毕业后继续在这家事务所工作。多年后,成为一名出色的会计师,积累了丰富的专业经验。在青壮年时期,他又创业、成立了自己的会计师事务所,进一步拓展了市场和业务能力,眼界更为开阔,专业更为精进,对商业运作与业务链条也更为熟悉。中年时期,他又如愿以偿地转型成为企业的CFO,不仅财富上获得了丰厚的积累,在行业内也成为颇具影响力的专业人士。

纵观Y先生的职业发展道路,他在人生的每个阶段都做出了"对"的选择,并且通过高效的行动与极致的努力把每一个选择转化成"对"的结果，达成自己所追求的理想状态，本质上就是时间管理与自我管理。

平时经常有人问我："你每天做这么多事情，会不会很辛苦？"回归到时间管理的本质，真正的时间管理不是做更多事、变得更加忙碌疲惫、辛苦劳累，而是做自己真正想做的事，做有价值、有意义的事。所以我的回答是不辛苦，反而更加快乐积极，也更加从容淡定。时间管理不仅教会我们如何更高效地利用时间这个资源，而且教会我们如何更有智慧地对待时间这个朋友，收获一个成功且幸福的人生。时间管理的终极目标，一定是指向幸福的。

三、要内观，而非外求

我曾受困于外界评价，被别人目光所束缚。不仅活得很累，而且看不到自身优势和方向，当然也就没有成果。初入职场那段时间，我经常被这些所困扰，所以内心充满了焦虑、迷茫、空虚、沮丧。

后来我学会了内观，经常思考这些问题。

成功就一定是升官发财吗？它有没有可能是你达成了自己的预期目标？

事业的成就一定是升职加薪吗？它有没有可能是你在工作中享受兴趣，提升能力？

这辈子要追求的一定是世俗意义的成功吗？它有没有可能是你足够了解你自己，并且去做一个独一无二的自己？

你真的想要去努力成为八面玲珑、长袖善舞的人吗？有没有可能其实你一点也不适合成为这样的人，你的天赋潜能没有被足够重视？

你真的想被人羡慕，用别人的标准来判断自己吗？有没有可能其实你的内心有另外的意愿，自我肯定更能让你满足？

你一定要和别人比较，用别人的强项和自己的短板相比吗？你能不能和自己比较，专注于持续提升自我？

曾经，我一直活在别人的世界，忽略了自己的内心，忽略了与之对话。当我换个角度去思考，突然就觉得"海阔天空"。转换思维真的有神奇的魔力。

1. 内观的含义

内观主要有三层含义：

（1）<u>挖掘内在资源</u>。每个人都有自己独特的天赋和价值，不应从别人的评价中找寻价值感。深入了解自己的性格、兴趣、能力和价值观，理解了自己行为背后的原因，看到自己有哪些优势和劣势，看到自身价值，获得自我认可，这样就对别人的评价不再依赖。

（2）<u>不和别人比较</u>。了解自己之后，就会找到自己的方向和目标，在自己的轨道上运行，不轻易更换轨道，按照自己的节奏做事，不急躁、不焦虑。

（3）<u>为自己承担责任</u>。面对问题时，先从自身找原因，积极改变，为自己的选择和产生的结果主动担责，这就是前文所提到的"积极主动的心智模式"。如果遇到困难和问题，习惯从积极的视角去看待，提升自己的心智模式，收益是巨大的。

2. 固定型思维和成长型思维

把目光从外界收回，看向自身。在自身面临工作或生活中的挑战时，将不再恐惧困难，而是当作一次练习或者体验，抱着学习和成长的心态，看看自己又会从中获得什么样的经历和提升。不再抵触，反而更能享受过程，对结果抱有平常心。这样就是完成了从固定型思维到成长型思维的转变。

<u>固定型思维和成长型思维</u>是美国斯坦福大学心理学家卡罗尔·德韦克提出的，体现了人们面对成功与失败、努力与成就时两种截然不同的心智和思维模式。具有<u>固定型思维</u>的人认为：智力和能力是不变的，成功取决于天赋，成功是证明自己聪明和有能力的方式。而努力是能力和天赋不足的表现，犯错和失败会暴露自己的不足。这让他们时刻想证明自己的聪明和能力，逃避挑战，害怕失败，非常在意别人的评价。所以他们的心理负担较重，遇到困难容易放弃，对他人的成功感到嫉妒，抗压能力差，成长缓慢。具有<u>成长型思维</u>的人相信智力和能力可以通过努力、学习和实践来培养和发展，天赋只是起点。他们相信成功取决于努力，成就让他们获得自我认可，把犯错和失败视作学习和成长的机会。这让他们利用一切机会提升自己，有强烈的学习热情，从别人的成功中学习经验、获得激励。他们敢于尝试和迎接挑战，面对挫折和失败越挫越勇，坚持不懈，并从中获得知识和经验，不被外界评价所束缚。因此，他们心态平和，适应变化，成长迅速，更易发挥个人潜能和实现目标。具有成长型思维的人心态更好、情商更高，成就也更显著。

我国宋代大文豪苏东坡就是成长型思维的典型代表。他的一生大起大落，曾多次被贬官至条件艰苦的边远地区，经历了坎坷与苦难。但不管他

身处何种逆境，却总能乐观豁达地面对挑战，热爱生活，于无常与困境中学习与成长。正因如此，他的一生成就斐然。不仅在做地方官时颇有政绩、为当地百姓所爱戴，而且在文学、书法、绘画、音乐、美食各个领域都很有建树。

表1.1直观地对固定型思维和成长型思维进行了对比，读者可以对照自身进行反思，并有目标地进行成长型思维的培养。

表 1.1 固定型思维与成长型思维

比较维度	固定型思维	成长型思维
如何看待成功	认为成功取决于天赋	认为成功取决于努力
如何看待努力	认为努力意味自己不够聪明	认为努力是提升自我的可贵品质
如何看待失败	认为失败是丢人的	将失败视作机会，找方法避免或改正
如何看待评价	关心别人如何看待自己	关心能否提升自己
如何看待能力	认为能力无法改变，总想证明自己	认为能力可以提升，敢于尝试
如何看待成就	认为成就事关脸面，能证明自己	关注自身成长，认可自己
行事目的	利用一切机会证明自己	利用一切机会提升自己
影响	限制自身成长，抗压能力差，丧失学习动力	拥有更多成长机会，心态积极平和，人际关系更好

实操练习

你内观更多还是外求更多？更倾向于成长型思维还是固定型思维？有哪些现实的事例？请写下来：

_____

_____

_____

_____

_____

_____

_____

_____

_____

_____

练习时间：_____

第二章

大局规划（strategy）：
以终为始，以梦为马

通过专业的方法和工具，识别自己的性格、兴趣、能力和价值观，基于此获得对自我全面的认知，看到冰山下真实的自己。真诚追随本心，听从内心召唤，找到人生愿景与使命，以终为始，从大局着眼，从顶层设计人生的四大领域——身体/健康、家庭/交际、事业/财富和自我实现，具备大局观、更高的视野和格局。为前进之路找到方向感和驱动力，收获平衡且高效的人生。

第一节　自我认知：四大维度和三个途径

自己是人生大戏的主角，可是有多少人能真正自知，了解自己这个主角呢？自我认知是自我管理和自我成长的起点，是每个人一生中最重要的功课。自我认知也是一条漫长的路，值得用一生去探索。自我认知就像挖掘自身宝藏，挖掘自己与生俱来的智慧。每个人都有着丰富的内在资源，但很多人弃之不用，一味外求，导致自我认知变得迟钝，看不到内在资源和自我价值。没有足够的自我认知，就很难在漫漫人生路上使各种选择和决策有据可依。

一、遇见冰山下的自己

美国著名心理学家麦克利兰提出了冰山模型，将个体素质的不同表现方式划分为表面的"冰山露出水面的部分"和深藏的"冰山在水面以下的部分"。人际交往中往往看到的是一个人的外表、行为、谈吐、学历、经验等显性特点，即"冰山以上部分"；而性格、天赋、价值观、心理动机、内在需求、潜意识等隐性特点，因为深藏在"冰山在水面以下的部分"，就难以让人发觉。

如果不真正了解自己，不看见冰山下面那个真实的自己，就不会迸发出巨大且持久的内驱力。而自我探索和自我认知就是一个挖掘和积蓄能量的过程。

对自己有了足够深入和全面的认知，才能知道此生的使命、愿景和意义，所有的努力和行动才有了着力点。所以，自我认知是人生规划与自我管理的起点和基础。为什么"懂得那么多道理，还是过不好这一生"这句话会一度引起这么大的共鸣？原因可能是有些人学过很多知识，但他们的精力都用在表层的方法和技巧上了，并没有真正基于"自我"这个着力点发力。

足够了解自己以后，才能知道哪一种人生更适合自己，哪一种人生是自己真正想要的，人的价值取向是通过选择体现出来的。

我在十几岁的时候经常梦想着成为别人，初入职场时也经常被外界价值观和评价所裹挟，那是因为还没有看到自己的禀赋和特质，缺乏内在的支撑。后来经过了很多年的探索历程，才看清"冰山下的自己"，形成了稳定的内核。

我在培训中做自我介绍时，除了专业成果、资历、经验以外，还会介绍"冰山下的自己"。无论我的身份是培训师、咨询师还是职业生涯规划师，或者其他，我的使命都是用自己的学识和经验帮助更多的企业和个人达成高效能。我对自己的内在角色定位一直都是一名"终身学习者"和"终身成长者"，而这又来自我的三项核心价值观：成长、智慧、影响，即通过终身学习和成长，不断积累智慧并帮助他人变得更好。

"冰山下的自我"是一个巨大的宝藏，是一个人工作与生活的真正动力和热情所在，是一个人的生命底色和内核，是自己区别于他人的独一无二的所在。识别和唤醒它，才能走得更远，也走得更坚定。我希望你描绘出一个"冰山下的自己"。

实操练习

我会向别人这么介绍"冰山下的自己"：

我的使命是：

_____

我的角色是：

_____

我的价值观是：

_____

练习时间：_____

那该如何认识自己呢？认识自己通常从性格、兴趣、价值观、能力这四个方面入手，即"<u>自我认知四维模型</u>"，如图2.1所示。性格是指人格气质方面的特点，兴趣是指喜欢的方面，价值观是指看重、在乎的方面，能力是指擅长的方面。从这四个方面出发，会对自己有一个全面的认知和清晰的画像，在面临选择时有了决策的依据。如果评价一个人"他很了解自己"，具体而言就是指他很了解自己的性格、兴趣、价值观和能力。"勇敢做自己"的前提就是足够了解自己，真诚而坦然地接纳自己的各方面，坦然地为人处世、待人接物，既能充分发挥自己的优势，获得成就和幸福，又能接受自己的弱项并尽可能减少它所带来的负面影响。

图 2.1　自我认知四维模型

二、性格：发现独一无二的自己

人在童年和少年时期会幻想成为别人，也很容易受外界影响，这样的主要原因就是不够了解自己的性格。性格指人在自身态度和行为上所表现出来的心理特征，指性情、品格、脾气等。受先天基因的影响，也受后天环境的影响，因此每个人都受遗传和环境共同作用。有很多研究性格的理论和方法，都可以用来分析和了解自己的性格特点，比如，MBTI十六型人格、DISC行为特征分析、九型人格等，这些理论和方法都在一定程度上帮我加深了对自身性格的了解。

不管哪种理论和方法，都只是从某一个或几个维度切入，都有其局限性，不可能看到自己性格的全貌，更何况性格也不是一成不变的，会受到一些因素的影响而改变。比理论更关键的是，对照自己的经历去自我觉察和自我审视，长期积累，逐渐就会越来越清楚自己的性格，从而在面临选择时作出更适合自己的决策。

了解自己的性格之后，有两个显著的好处。

第一个好处是更接纳自己。看到真实的自己最重要，每个人都是独一无二的存在，每一种性格也都有其优势和局限。接纳自己就会更加自信和勇敢，更勇于做真实的自己，而不是刻意或盲目地想成为别人。了解自己的性格，会更理解自己平时的心理和行为，面对事情时可以作出更好的判断和选择，也会理解自己的优势和劣势，进而扬长避短。

第二个好处是对别人更包容。理解这个世界的多样性，明白人和人是不一样的，允许别人和自己不一样，学会换位思考，从而更加理解和尊重别人与自己不一样的想法和行为，人际关系也会更加和谐。

清楚了自己的性格，就能够更了解自己，但要想更全面和深入地了解自己，还需要探索更多。

三、兴趣：挖掘热情的源泉

这里的"兴趣"指"职业兴趣倾向"，也就是对哪些类型的工作更感兴趣。了解并顺应自己的职业兴趣倾向，可以激发工作动力，发挥自身优势，在职场脱颖而出。

美国心理学教授和知名职业指导专家约翰·霍兰德提出了"职业兴趣六边形"模型——人的职业兴趣和倾向可以分为这六种类型，不同职业（岗位）也可以分为这六种类型，这个模型也被称为<u>霍兰德职业兴趣模型</u>"，如图2.2所示。

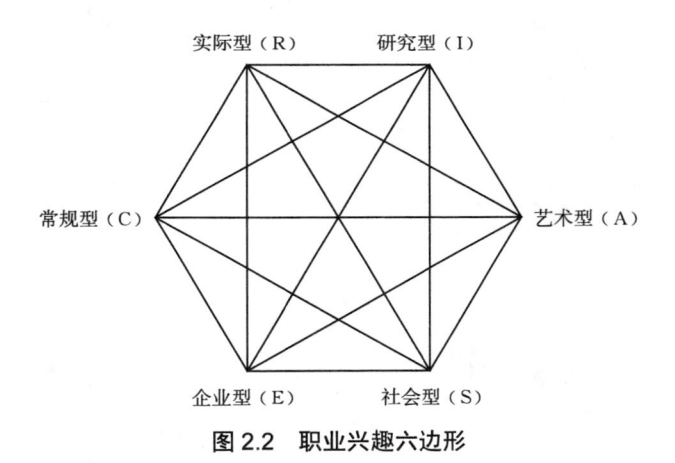

图2.2 职业兴趣六边形

从表2.1可以看到，这六个字母所代表的六种不同职业兴趣类型的特点，以及适合的工作岗位。可以自我对照，但绝不是给自己贴标签，固化思维，限制发展方向；恰恰相反，通过自我探索，识别并释放所隐藏的优势潜能，在工作和生活中看到更多可能性，帮助自己提升绩效。

表 2.1 职业兴趣六大类型一览表

类型	特点				常见行业/职位
	代称	导向	擅长	给人印象	
实际型	实干者	任务与技能导向	实操能力强；喜爱具体明确、动手操作的工作环境	务实、踏实	机械师、运动员、技术型岗位等
研究型	思考者	真理导向	擅长思考、观察、分析、推理；理性、独立、逻辑性强	内向、谨慎、温和	程序员、科学家、研发工作者等
艺术型	创造者	美感与完美导向	喜欢表达，喜欢自由，富有创意；有丰富的想象力和创造力	敏感、细腻、热情	演员、艺术家、音乐人等
社会型	助人者	和谐与服务导向	对人感兴趣，喜欢与人打交道；喜欢倾听，关心别人；拥有良好的人际交往能力	温暖、友好、有爱心	教师、护工、教育与培训行业等
企业型	说服者	领导与影响力导向	喜欢管理和领导他人；喜爱冒险，精力充沛、有说服力；社交能力强，擅长协调沟通	积极、自信、有野心	销售、创业、管理等
常规型	组织者	稳定与安全导向	讲求实际，注重细节；喜欢规则，愿意服从；喜欢结构性、程序化的工作	保守、谨慎、负责	行政、财务等

一个人的职业兴趣往往是多方面的，这六种类型当中最符合的三种，其对应的三个字母，被称为"霍兰德代码"。三个字母按照兴趣的强烈程度由强到弱依次排列。随着个人发展或经历变化，这个顺序也会发生动态变化。因为兴趣类型受先天的因素影响，即与生俱来的禀赋，也受后天的因素影响，即环境、教育、经历等因素带来的个人发展与变化。

这个模型能帮助自己获得更好的自我认知和职业发展。当自己做出行为和选择的时候，能够明白和解释其背后的深层原因。表面看起来可能是同一个行为，但不同类型的人兴趣点可能完全不同，所追求的结果也可能不同。就像同样是做菜，实际型特质的人享受把各种食材变为一道美味菜肴的过程，由于动手能力强，烹饪过程也得心应手；艺术型特质的人享受做菜的创造性，过程中可能产生各种灵感和创意，也追求菜品的美感；常规型特质的人会严谨地按照菜谱做，享受流程和细节的秩序感。它能帮助自己达到深层的自我认知，在职业发展中提高满意度和幸福感，让自己更加绽放。从"知其然"到"知其所以然"，自我探索和自我认知带来自我认同和自我接纳，这个过程能产生强大的生命和成长力量。

以下案例说明了我如何通过应用这个模型而获得更深入的自我认知。

我的霍兰德代码是S、A和E，即社会型、艺术型以及企业型，在不同时期顺序会有所不同。我的社会型和艺术型主要源于禀赋，企业型源于多年企业管理工作的历练。我问自己下面几个问题，这个模型帮我找到了答案：

"大学学习的计算机专业为什么让我很痛苦？"因为我身上缺乏研究型

的特质。大学时我认为是自己智商不够的原因,为此感到自卑焦虑。

"为什么后来我升职到管理岗位,以及后来转型到培训行业,会有如鱼得水的感觉呢?"因为我身上有很强的社会型特质。

"在管理工作中,为什么我对那些烦琐、重复的事务性工作很排斥呢?"因为我身上缺乏常规型,又称事务型、传统型特质。

"学员说我的课程有趣、体验感强,为什么我总喜欢在课程里加入电影、音乐、游戏、剧本杀等创意环节呢?"因为我身上的艺术型特质发挥作用。我会把每一次开发课程、写文章、拍视频都当作创造作品,非常享受创作和实现想法的过程,这也源于我身上的艺术型特质。

当我通过专业且系统的学习成为职业生涯测评师,我才明白,不能狭隘、表面地去理解每一种特质,而是要通过不同的实例来理解它的内涵。也不能仅凭测评报告就给自己贴上标签,而是要通过联系实例去挖掘、觉察、验证自己的特质。这样才能达到深刻的自我认知,像剥洋葱一样,剥掉一层又一层的表象,直到看见最核心的本质。增加了解之后,就能更加接纳自己,更能扬长避短,助力职业发展。

有些人扬长避短的方式,是换工作、换行业。但换工作并不是扬长避短的唯一方式,任性、冲动跳槽,必须去找一个跟自己兴趣完全匹配的工作并不可取。即使找到了匹配度很高的工作,成功也并非必然。匹配只能说明具备这项工作所需的兴趣和倾向,而并非胜任能力,选择并不能代替努力。职业成功的因素里,兴趣只是一方面,有了兴趣,更有潜力、更有可能取得成功,但还需要能力、品质、时间投入等因素。<u>工作的成功更取</u>

决于积累，而非匹配。明智的职业发展策略是立足于当前岗位发挥自身优势。可以思考这些问题：在当前工作和环境中，有哪些机会和任务能够发挥你的优势？怎么做才能让你的优势在当前工作中得到最大化的发挥？在现有工作中你的特质能如何帮助你，让你与众不同、独具特色？

霍兰德职业兴趣模型就像一把手术刀，能够清晰精准地剖析自我，从而获得更好的职业发展。在过往经历中，貌似在不经意间做出的很多行为和选择，其实都是自身特质在起作用。所以，每个人的生命程序里，早已写好了代码，学会识别就相当于掌握了开启自身天赋、潜能、优势的密码，让这一生更加成功、更加幸福。

四、能力：职场拼搏的硬通货

能力是指完成一项目标或者任务所体现出来的综合素质，关键字是"完成"和"综合"。如果一个人只是认为自己有哪方面的专长或素质，然而并不能完成任务、交出成果，只能说他可能有这方面的潜能而非能力。所以，能力体现在成果和绩效上。例如有些人很喜欢演讲，读了很多关于演讲技巧的书，看过很多优秀演讲者的视频，然而一上台却不敢张口或讲不清楚，没有真正完成过一次演讲，这就还不具备"演讲能力"。只有通过一次次的成就，才能提升能力。大部分人的能力也是在这一次次的成就中为人所知，扩大自己的职场影响力，所以职场中要注重积累自己的成就。

"综合"是指能力包含知识、技能和才干这三个要素，这是从浅到深的三个层次。要完成某项任务，首先需要具备一定的理论知识作为基础，这是最基础，也是最表层的要素。南宋诗人陆游曾说"纸上得来终觉浅，绝知此事要躬行"，点出了学习的真谛。仅仅具备"纸上得来"的理论知识还远远不够，"完成"任务一定需要实操技能，包括流程、步骤、动作等。比如演讲中声音要抑扬顿挫，手势要放松自然，眼神要大方自信。这些都只有通过"躬行"——反复实践和练习，才能把知识转化为自己的技能。在锻炼技能的初期，可能还需要经常去想眼神该什么样，手该放哪里，声音该怎么运用。当非常娴熟时，技能就又升级成了才干，内化成一个人的显著特长和特征。一上台就能侃侃而谈，表情亲和，举手投足自信坦然，这时候一个人就具备了演讲才干。

知识是通过读书、上课、向别人请教等学习途径获取的，技能则是练出来的，只能靠自己的刻意练习，而才干则是通过反复琢磨和长期训练，成为一个人的标签和代名词。

在能力提升的道路上，不应花太多时间在知识学习上。互联网信息时代，知识变得越来越唾手可得，而是要投入更多时间在技能和才干的"修炼"上。人工智能时代，越来越多的人工智能成果让人们见识到了科技的强大和可怕，甚至感受到被取代的威胁。虽然很多知识和技能都能通过人工智能实现，但是有些技能和才干却是人工智能无法企及的，这些就是自己需要倾注时间培养的部分，也是未来保持自身竞争力的秘诀所在。

职场人用能力、经验、时间、精力等去换取自己想要的价值回报。其中用来交换的、最重要的筹码就是能力。能力是职场人的硬通货，决定一个人在职场上能走多远、能飞多高。能力包含专业能力和通用能力。专业能力是针对特定领域而言，通常需要经过较长时间的系统教育，如财会、金融、编程、医学、法律等。通用能力是跨领域的、各行业通用的，如问题解决能力、演讲能力、沟通表达能力、时间管理能力、团队协作能力、组织协调能力、逻辑思维能力、抗压能力、领导力、执行力、学习力等，即使换行业、换公司，这些能力都依然能被使用。

在能力提升上，很多职场人都会走入两个误区：

第一个误区是只重视专业能力，而忽视通用能力的培养。这两种能力就像人的两条腿，两条腿同时走路才能平稳。

第二个误区是只重视学习，而不重视练习，只重视输入，不重视输出。这样学习只停留在知识层面。只有通过不断练习、刻意练习，才能把知识内化为技能和才干。职场上能给自己创造价值、带来回报的是技能和才干。

比如，与其额外报名很多学习班，不如尽可能利用当前工作岗位训练技能，很多技能都是可以通过当前工作进行练习的，如写作、演讲、PPT制作、Excel表格数据分析、时间管理、团队协作等。趁接到相关任务的机会大量练习，把任务完成到极致。既优化了工作成果，又提升了能力，这就是工作能够带给自己的双重价值。然而很多人看不到当前工作的价值和意义。我的个案咨询者中，有一些频繁跳槽者，有些甚至平均不到一年就换一份工作，他们总觉得下一份工作更适合自己、能让自己获得更大的职业成就，却没意识到，正是频繁跳槽导致了通用能力的缺乏，哪份工作都只是个新的起点。

通用能力是可以在各个岗位锻炼的，职场是最好的能力修炼场，立足于当前岗位修炼能力，是职场人自我发展的最优策略。踏踏实实立足于当前工作，把时间花在训练和积累几项突出能力上，才是脱颖而出和职场成功的制胜法宝，才是通往更广阔舞台的钥匙。职场人一旦意识到这一点，就具备了从"苟且"中看到"诗和远方"的价值思维，能够超越眼前工作任务的单调琐碎，能够克服工作中的挑战和煎熬，从中找到长远的价值和意义。强烈的成长意愿和成就驱动只是起点，能力的打磨和提升是一个漫长且艰巨的过程，需要长期主义和深耕精神。在如今多变的时代里，只有能力才是自己真正的"铁饭碗"。不论处于哪个年龄段，都需要居安思危，在有一份职业的时候就做好长远规划和能力储备。当有一天危机来临时，依然可以靠自己的能力生存下去，甚至获得跃迁与自我实现。

五、价值观：坚守内心的信念

价值观是个体关于什么是"有价值的""值得做的""重要的"的一系列信念，是一种重要程度的排序。这里有两个关键字"价值"和"排序"。"价值"体现了自己内心真正看重的东西、认为什么是值得的；"排序"体现了自己更看重什么、愿意为了它而舍弃别的什么。不同的人价值观千差万别，有些人重物质，有些人重权力，有些人重家庭，有些人重自由……

价值观没有对错，只有选择，是一个人的主观取向。所以，面对各自不同的价值观，无须互相说服，互相评判，只需要保持自我，尊重他人的价值观。当遵从于内心的价值观去做事，就会踏实愉悦，哪怕付出很大代价也是心甘情愿，哪怕这在别人看来不能被理解。

有一个典型的例子，就是《月亮与六便士》里的主人公思特里克兰德（其原型为法国著名画家高更），他本是伦敦的一名证券经纪人，有着稳定的工作和美满的家庭，却抛妻别子，跑到巴黎，去追寻他的艺术梦想，后来受尽穷困和疾病的折磨，病死他乡。

别人可能认为他无比悲惨，但在思特里克兰德看来，艺术梦想排在第一位，为了追求艺术梦想，他可以放弃一切。价值观能提供强大的内驱力，就算放弃再多他也觉得值得。

理解价值观，要把握三个关键词："取舍""平衡""付出"。假设一个女孩子既爱美食又追求美，说明她的价值观里既有美也有美食。如果她更愿意为了苗条身材而放弃美食，说明在她的价值观排序里，美比美食更靠前；如果她更愿意为了美食而放弃身材，则说明美食比美的排序更靠前，这就是"取舍"。如果她两者都想兼顾，既不想为了苗条身材而对美食垂涎三尺，也不想为了享受美食而放弃身材管理，那就达到平衡即可，适当享受美食但不胡吃海塞，无须完美身材，适中即可，这就是"平衡"。如果她更"贪心"，两方面都不想妥协，既要满足口腹之欲还想要完美身材，那在大快朵颐之后，就需要去健身房挥汗如雨。想要得到更多就只能付出更多，这就是"付出"。

而价值观并不是一个口号，它是内心真正坚持的信念，需要用行动去捍卫和坚守。它让不少人不人云亦云、随波逐流。在喧嚣浮躁的世界中，价值观是定海神针，是抵御外界干扰的镇静剂。它是面临选择时内心的声音和潜意识里的情绪反应，需要静下来去耐心倾听和觉察自己的内心。

一个例子是新东方从教育培训转型到农产品销售，这看似风马牛不相及的跨界转型背后，有什么是未曾改变的吗？俞敏洪在某次演讲时，分享他带领新东方转型背后的思考。不管是经营新东方还是东方甄选，他内心始终秉承的信念和价值观是：符合人们美好生活的需要、能惠及他人和社会、推动社会发展、增加人与人之间的链接和信任。只有做自己内心价值观认可的事情，才能找到使命感和崇高感。

所谓"以不变应万变"，价值观就属于"不变"的范畴。澄清和确认价值观，就找到了内在的确定性，能够更从容地应对外界的多变和不确定。这个内在的不变就成了支撑自己应对外界的信念，就像《肖申克的救赎》里安迪内心始终保持着对于自由的强烈信念和希望。

这四大板块，关乎一个人的人生哲学与行事准则，是人文底蕴与素养，对于职业发展的影响至关重要。

我有一个好朋友H先生，在美国某著名科技公司总部任职高管多年。我一直好奇作为一个技术出身、没有任何商业或管理经验和背景的华人，他是如何在美国企业中脱颖而出、从基层的软件工程师一路走到现在的。在采访他的过程中，我终于理解了，他的制胜之道就在于他出众的技术实力和深厚的人文底蕴。在一个技术型企业，有前者优势并不稀缺，但后者却难能可贵。

他酷爱阅读，善于思考与观察，对自己有深刻的认知，有一套属于自己的行事理念和哲学，并且在为人处世中始终贯彻这套哲学，他拥有的诸多卓越品质，足以让他在优秀的群体中闪耀。

他有看到未来的愿景与眼光，无论是对自己的职业发展还是所带团队，都能找到为之努力的方向与目标，并且敢于采取行动和承担风险。他做事始终秉承着真诚、务实、共享与利他的理念。他经常分享自己的技术经验，花时间帮助和培养他人成长，甚至是自己犯过的错误也都毫不掩藏。他从来不怕无私分享会导致别人超越他，他希望下属能比自己强，听到别人的方案，他会为之高兴，听到别人的不同意见，他会大度地接纳。他号召团队认真做事、为结果担当责任。他的管理以人为本，能够看到每个人的特质，帮助他们看到并发挥自己的潜能。他顾及下属的情绪感受和内在需求，和他们进行大量的沟通，善于在沟通中讲故事、启发下属独立思考。

他对这些准则的长年坚持践行，让他在企业里形成了很好的个人品牌即口碑，除了持续交付卓越的业绩，也收获了众多领导与员工的信任与认可，不断升职也顺理成章。

以上自我认知的四大板块里蕴藏着一个人丰富的内在资源，持续挖掘，会带给自己更多惊喜和宝藏，也会让自己在外界狂热浮躁时保持清醒和笃定。成功的规律是挖掘与发挥自己的内在资源与优势，脚踏实地付出努力打磨自己，水到渠成收获成果。

六、三个途径，看见真实的自己

自我认知除了使用专业的测评工具，还可以寻求他人反馈，听听自己在别人眼中的样子。但即使是权威的测评和客观的反馈，也只能作为参考，更重要的还是在自我探索中，敏锐觉察自己内心的感受，那才是真正的自己。可以通过以下三个途径看见真实的自己：

1. 找偏好

可以通过艺术作品，来了解自己的偏好，找出自己属于哪一种性格类型。书籍、电影都可以用来了解自己的性格特点、思维方式和爱好偏向。人们在读书、看电影时，往往会不自觉地去喜欢一些人、讨厌一些人、羡慕一些人。不要忽略这样的心理触动，可以分析自己为什么会喜欢或讨厌他们，是什么特点吸引自己，或让自己讨厌。接着可以对照自己身上是不是也存在或缺少这种特点？又或者，看到某些角色，想成为像他们一样正直的、理性的、热情的或者多才多艺的人，这可以来帮自己分析自己理想中的模样。

不管是小说还是电影，都离不开人性，在不同剧情、不同背景下，不同人身上发生各种故事，都可以用来分析。这样即使是读书、看电影，也不是简单的消遣，而是将其变成了更有趣、更有价值的自我探索游戏。

2. 忆往昔

通过回顾过往经历，梳理成就事件，以及曾经的失败、克服过的挑战和考验，去分析和认清自己的能力、优势和弱点。

梳理成就事件时，可以用STAR描述法，能够更清晰、更有条理地进行分析。

情境（situation）：遇到的情况。

任务（task）：具体任务。

行动（action）：采取的行动。

结果（result）：最后达成的结果。

写完以后进行自我认知的分析，从中看到自己有哪些性格特点、兴趣、能力和价值观。

梳理成就事件是一件愉悦的事，能够有效提升自我效能感。如果你觉得自己信心不足，那更要经常做这个练习。成就事件可大可小，你也来试试吧。

实操练习

我的成就事件是：

情境：_____

任务：_____

行动：_____

结果：_____

通过这个成就事件，我对自己有了以下认知：

性格：_____

兴趣：_____

能力：_____

价值观：_____

练习时间：_____

3. 代入法

通过将自己代入其他人来认识自己。当读书、看影视剧、听到某个新闻或是了解周围发生的事情时，都可以把自己代入某一个角色并思考"如果我是他，碰到这种情况，会如何处理"。

例如，把自己代入《平凡的世界》这部小说，如果你是孙少平，你是会选择待在农村和哥哥一起发家致富呢，还是会选择去外面的世界闯荡，去独立经历人生？为什么这样选择？这样你就会更深入地认识自己。

除此之外，普鲁斯特问卷对认识自己也很有帮助，包括生活、思想、兴趣、价值观以及人生经验等一系列问题，共二十八个。可以每隔几年就重新做一次这个问卷，看看有何不同。通过自我拷问，会更了解自己，不断看到未知的自己。下面就请你拿起笔来做这份问卷吧。答题时请一定对自己完全敞开和诚实，享受这种只和自己对话的美妙。

实操练习

普鲁斯特问卷：

1.你认为最完美的快乐是怎样的？
___

2.你最希望拥有哪种才华？
___

3.你最恐惧的是什么？
___

4.你目前的心境怎么样？
___

5.还在世的人中你最钦佩谁？
___

6.你认为自己最伟大的成就是什么？
___

7.你最不喜欢自己的什么特质？
___

8.你最喜欢的旅行是哪一次?

_____

9.你最不喜欢别人的什么特点?

_____

10.你最珍惜的财物是什么?

_____

11.你认为最奢侈的是什么?

_____

12.你认为程度最浅的痛苦是什么?

_____

13.你认为哪种美德是被过高评估的?

_____

14.你最喜欢的职业是什么?

_____

15.你对自己的外表哪一点不满意?

_____

16.你最后悔的事情是什么?

_____

17.还在世的人中你最不喜欢谁?

_____

18.你最喜欢男性身上的什么品质?

19.你使用过的最多的单词或者词语是什么?

20.你最喜欢女性身上的什么品质?

21.你最伤痛的事是什么?

22.你最看重朋友的什么特点?

23.你一生中最爱的人或东西是什么?

24.你希望以什么样的方式死去?

25.何时何地让你感觉最快乐?

26.如果你做一件事可以改变你的家庭,那会是什么事?

27.如果你能选择的话,你希望让什么重现?

28.你的座右铭是什么？

_____

练习时间：_____

　　自我认知和自我探索是目标管理和时间管理的前提和基础，因为"时间管理是选择对的事去做，并把它做对"，有了充分的自我认知，选择的时候才能有充分的依据，做出正确或者最佳的选择。了解自己的性格、兴趣、能力和价值观，才会看清未来发展的方向，认清自己内心真正想要的东西，也就是梦想和目标，并且知道把有限的时间与精力投到哪里。在战略层面清楚自己的价值观、目标、优先级，战术层面的时间管理方法才能有的放矢。认识自己才能做真实的自己，内心安静、从容，不随波逐流、人云亦云。

第二节　人生愿景：找到使命感，开启内驱力

　　有个小故事，叫《三个泥瓦匠》。
　　很久以前，国王经过一个城镇，看到有三个泥瓦匠正在工作，国王问他们在干什么。

第一个人粗暴烦躁地说：我在垒砖头。

第二个人有气无力地说：我在砌一堵墙。

第三个人热情洋溢地说：我正在建造一座宏伟的宫殿。

国王回到王宫后，立刻召见了第三个泥瓦匠，给他提供一个总督的职位。国王的儿子不解，问他原因。国王说：因为第一个人眼里只有琐碎的任务，第二个人眼里看到了职业，而第三个人却对此有着满满的使命感，能看到未来诱人的愿景。

这就是心理学家埃米·瑞斯尼斯基指出的，人们对待工作有三种态度：任务、职业和使命感。三种不同层次的态度，所带来的内驱力和幸福感是截然不同的。

一、孙少平的选择，是愿景的觉醒

美国贝尔实验室前资深科学家和首席系统工程师蔡亦钢博士是我多年来一直非常尊敬的知心好友。这位科学家除了科学研究事业上的杰出成就以外，生活中也是一位"全能高手"，在音乐、摄影、旅行、篆刻、文学、历史等领域都有一定的造诣，并且拥有美满幸福的家庭，培养了毕业于哈佛大学的优秀女儿。他还在七十岁时从音乐学院钢琴专业毕业，获得音乐学士学位，十几年来他每天坚持练习钢琴不少于两个小时。继而又考入了音乐学院以及哲学系，同时深造硕士研究生。

我一直很好奇他是如何管理时间的，曾经请教过他一个问题："对于时间管理来说，最重要的一点是什么？"他的回答大道至简："没有vision（视野、愿景）的时间管理只是为了做而做，不会让时间真正变成自己的东西，不会持久。"这让我明白时间管理必须以愿景为前提和驱动。当有了人生愿景以后，时间管理才真正走上正轨。采访中，我问蔡博士是什么愿景驱动着他常年保持对科学的热爱并取得如此多的科研成就。他的回答是："要求自己做出具有足够前瞻性和长远价值的科学成果，二三十年后依然具有生命力和引领科学前进的前瞻性。并且在朝着愿景努力的过程中注重技术和经验的积累，打磨深厚的专业功力。而随之而来的奖项、荣誉，那些只是外在认可，只是热爱的副产品，不应成为着眼点和初心，否则会限制眼界，降低成就的高度。"

为什么很多人学了很久时间管理，用了很多的方法和工具，还是管理不好时间？正如蔡博士所言，根本原因就在于缺少了人生愿景。人生愿景是方向、信念、初心，也就是"以终为始"的"终"，需要培养的是终极思维。人首先要解决的是信念的问题，其次才是方法。当信念足够强，方法不会成为问题。

人生愿景也可以称为"人生使命宣言"，是对未来的设想、寻找内心的召唤和信念；是对自己这一生所抱有的使命感，让自己知道此生为何而来。它就像灯塔照亮前行的路，让自己知道要往哪里走，带来指引、力量和意义感；它又像是人生的"宪法"，是自己行为处事的根本大法，不管外界环境如何，依然能守住自己内心的信念；它是内心那个沉睡的按钮，一旦按下就会输送源源不断的内驱力。前文提到过"时间管理是选择对的事去做",确立了人生愿景,就知道了对自己而言,什么是对的事。

通过《平凡的世界》里孙少平的经历,能看到什么是内在意识的觉醒和未来愿景的召唤。有的人会觉得很难理解孙少平的想法,家里的日子越过越好,也正好需要他的帮助,他为什么非要去过漂泊艰苦的打工生活。从"人生愿景"这个概念出发就不难理解了,因为一旦人生愿景觉醒,它就会强烈地、不断地发出召唤,指引你朝它走去,历尽千辛万苦也在所不惜。

《你当像鸟飞往你的山》是美国作者塔拉·韦斯特弗的自传体小说,讲述了她自己走出美国西部大山,获得剑桥大学博士学位,成为历史学家的人生经历。她有一个患有精神障碍的父亲,十七岁之前没上过学。父母反对教育、政府等现代新事物。塔拉在哥哥泰勒的影响下考上了大学,自我意识觉醒。父母不支持她上大学,希望她回到家乡经营家里的废品回收站。接受教育带来的分化使塔拉与父母之间的矛盾越来越大,令她陷入孤立无援的境地。最终她还是选择了开明积极的现代社会,摆脱了原生家庭的阴影,实现了自我解放。

虽然不是每个人都有塔拉这样特殊的经历,但每个人内心都有一个自我意识的按钮,都有自己的人生愿景,通过教育、学习和成长找到它。每个人都是那只鸟,当羽毛一点点丰满,就会飞离曾经的巢穴,飞往属于自己的那座山。

二、村上春树的转行，是内心的召唤

日本作家村上春树在开始职业作家生涯之前，经营了多年的酒吧。他为什么要把酒吧关掉，转而全职写小说，而且一写就是四十多年呢？同时，他也是一位四十多年来每天跑步、多次参加马拉松比赛的跑步爱好者。小说家有很多，马拉松选手也有很多，但两件事同时做得这么好的，恐怕并不多。

村上春树曾经作息混乱、烟瘾严重、体态肥胖、健康堪忧，他为何能够在生活习惯上有这么大转变？又是怎么做到如此坚持？读过《当我谈跑步时，我谈些什么》这本书就会明白，他的自律和坚持是建立在清晰的自我认知、内在认可和人生愿景之上的。

经营酒吧需要应付很多人际交往，生活热闹喧嚣。与之相比，村上更喜欢孤独安静地写作，他觉得这比前者更重要。于是，关闭酒吧转而写小说，村上做出了适合自己的选择。那么多运动项目，村上为什么选择了跑步？也是因为他对自己兴趣和性情有充分的了解："我不能说是一个适合团体竞技的人，格斗也非我所长。"有些人意志力强大、能长期坚持一件事，其实秘诀在于：选择做合乎自己兴趣、性情的事情，享受其中，就能长期坚持，也不会觉得累和苦。村上春树多年来在写小说和跑步上的成就都说明了这一点。

有的人倾向于以财力、权势衡量一个人成功与否，以前我也曾受困于这些外界的标准，努力追寻却不可得时就陷入了焦躁与气馁。在把目光投向自己以后，对成功就有了不同的定义——所谓成功，不是外界的标准，而是达成自己的预期目标。比起外界评价，获得成就感和自我认可，能为自我激励提供更长久和强大的动力。

三、人生愿景带来强大信念

《肖申克的救赎》里安迪有一次和他的狱中好友雷德聊天时，说过这么一段话："等我出去后，我一定要去一个一年到头都有阳光的地方。墨西哥的齐华坦尼荷，距墨西哥三十七号公路和普拉亚阿苏约二十英里，距太平洋边的阿卡波哥约一百英里的小镇。你知道墨西哥人怎么形容太平洋吗？他们说太平洋是没有记忆的，所以我要到那儿去度过我的余生。雷德，在一个没有记忆的、温暖的地方，我要在那里经营一家小旅馆，在海滩上盖六间小屋，另外盖六间小屋靠近公路。我会找个人驾船带客人出海钓鱼，钓到最大一条马林鱼的人还可以获得奖杯，我会把他的照片放在大厅中，这不会是给全家老少住的那种旅馆，而是专给来度蜜月的人住的……"

这就是安迪的人生愿景，在那么艰难绝望的境遇下，他能够用二十多年的时间通过周密计划和持续行动重获自由。清晰的人生愿景为他提供了强大的信念和内在驱动力，让他从一开始的痛苦消沉，变为安静从容、乐观积极。

《月亮与六便士》里的思特里克兰德放弃体面的工作和美满的家庭，来到巴黎去追寻他的艺术梦想。较早时期的弘一法师放弃红尘，皈依佛门。他们感受到了内心的召唤，找到了人生愿景和使命，所以才会以自己的内心声音作为选择的标准，而不是以流行价值观或别人的评判为标准，从而活得更加勇敢，也更加自由。

人生愿景会让自己变得从容而淡定，因为提供了方向和使命感，会让每一天都过得充实而有意义，而且它会提供强烈的自我认同感，因此不那么容易受到外界的影响。

当我在给学员讲课，或为来访者做咨询的时候，我为能用自己的学识和经验帮助他们成长而获得极大成就感和幸福感的时候，我听到了内心的召唤，找到了人生愿景和使命，就是"听从内心的召唤真诚地活着，享受终身成长的过程，用不断积累的知识、经验和智慧影响到更多人和企业，帮助他们提高效能，成为理想中的样子"。而实现这个人生愿景和使命的具体途径就是读书、写作、讲课和提供咨询，我会以此为终生事业。

当我明确了这一点，我的"三分钟热度"的问题也就自然消失了，因为我有了一个清晰的方向和目标让我去集中精力，我愿意为了它放弃曾经的兴趣，放弃这些反而让我获得更为高级的快乐，同时也越来越淡定和从容，因为想清楚了自己想要的究竟是什么、自己喜欢什么、能够干什么。有了人生愿景之后，我不和别人比较了，而是踏踏实实朝着自己的方向努力，人际关系也变得更为简单了。

人生愿景里蕴藏着真正的内在驱动力，是因为它关乎心灵需求、内心的兴趣；关乎希望自己朝哪里走、成为什么样的人；关乎真正想要什么，什么更重要、更有价值；关乎要实现什么目标，活着的意义，希望在垂暮之年怎样回看自己的一生；关乎面临重大选择时知道行进的方向等人生的深层思考。这些问题直指一个答案——找到对你而言最重要的事。这样在一生的旅途当中能有源源不断的动力，使一个人终生都乐于主动自我开发与提升，并在潜移默化中影响着周围的人。

当今世界，不缺信息和机会，挑战恰恰在于信息泛滥、选择太多而时间资源稀缺。探索自己的人生愿景则是重中之重，因为这会决定一个人在时间上的取舍。而造就一个人和他的人生的，不是别的，正是投入时间的那些事情。所以，时间管理绝不只是一天二十四小时该如何分配和使用的技巧，其精髓在于人生规划与自我管理，奥妙蕴含于"为"与"不为"的取舍。悟透了这一点，就不会再抱怨"没有时间做这件事"，那只能说明这件事对自己而言还不够重要，或者是自己还没有那么强的意愿。

这是寻找人生重心和赢得掌控感的第一步，也是通往自己内心深层价值体系的必经之路。这项功课没人能够替代完成，只有靠自己探索。

四、三个尝试，探索人生愿景

探索人生愿景，可以从以下三件事入手：

1. 终极假想

想象在自己的葬礼现场，希望听见人们如何评价你的一生。你是一个什么样的人、这一生是怎样度过的、有哪些经历和成就；或者也可以给自己写一段墓志铭，希望用一句什么样的话概括自己的一生。很多年前我就给自己写好了墓志铭"一生努力、一世被爱，想得到的都拥有，得不到的都释怀"。因为人生愿景的底层是终极思维,即以终为始。

如果觉得这样的假想太遥远,也可以写一段"自我期许"小作文,写下"我的未来十年、二十年或三十年",或者任选一个自己觉得合适的未来时间点,写写那时自己的人生是什么样子,在做什么工作或事情,和什么人在一起,自己的状态等,可以经常思考这类终极问题。看书时,看影视作品时,看到周围发生的事时,或者作决策时,都可以把视角拉到生命终点再回看当下。这些练习能够很有效地帮助自己培养以终为始的思维和习惯。

2. 倾听内心

多在各种场合观察自己的情绪反应、内心感受,耐心倾听自己内心的声音,多安静独处,就能听到内心的召唤。

3. 书写愿景

尝试把你的人生愿景写下来,持续修改。确立人生愿景是一件长期的事情,可能会花很多年的时间;但经常去做以上事情,总有一天你会把它确立下来,形成一个稳定清晰的版本。写的时候可以选几个关键词,把这几个关键词连成一句话。就比如,围绕三个核心价值观词汇"成长、智慧和影响"写成一句话,人生愿景是"听从内心的召唤真诚地活着,享受终身成长的过程,用不断积累和沉淀的知识、经验和智慧影响到更多人和企业,帮助他们提高效能,成为理想中的样子"。

实操练习

请尝试书写你的人生愿景：

_____

_____

_____

_____

_____

练习时间：_____

我从开始探索人生愿景到形成最终版本，差不多经过了四五年的漫漫长路，这期间经过几个阶段，借用王国维先生在《人间词话》里对人生三种境界的隐喻来形容非常恰当。

（1）"昨夜西风凋碧树。独上高楼，望尽天涯路"。探索初期，我曾为自己的独行而觉得另类与孤独，也曾有过迷惘与动摇。当周围都在谈论财富和功名的时候，我却在思考"人生愿景"和"价值观"。望尽前路，却看不清方向、理不清头绪，不知答案在何方。

（2）"衣带渐宽终不悔，为伊消得人憔悴"。后来，我暂时放下问题，不急于解答，开始大量阅读相关书籍，企图从书中寻找答案。于日常生活的一点一滴处修身养性，把目光从向外寻求转向内观自己，每天都留出时间和自己安静相处与对话。

（3）"众里寻他千百度。蓦然回首，那人却在灯火阑珊处"。经过足够长时间对自己内心的不停拷问后发现：其实不需要到处追问，不需要上下求索，终有一天，那些问题的答案会自然浮现在灯火阑珊处。也许那不是终极版本，之后还是会动摇、会怀疑、会持续修订并完善自己的答案，但至少已经看到了光明，知道自己正在朝着想要的方向前进。

（4）"流水落花春去也，天上人间"。当真正找到了答案，就找到了慰藉，无憾过去，不忧未来，轻松愉悦地享受当下。

清晰的人生愿景如一盏明灯照亮前路，这些年来我不仅把时间聚焦在遵从内心意愿的、最重要的事情上，在很多方面都取得了预期的收获，不虚度、不后悔过去的时光。更重要的是，它让我走出了和别人比较、竞争的狭隘，专注于做自己——这才是此生最重要的任务。听从内心的召唤、遵从价值观和原则去做事，既坚定又开放，让我在任何境遇下都悠然自在；让我忙而不乱，气定神闲；不易受外界影响，内心平和而不焦虑；人际关系简单而融洽。心理学大师罗伊·马丁纳恰到好处地表达出了我对自己重大改变的感受——"我生命里最大的突破之一，就是不再为别人对我的看法而担忧。此后，我真的能自由地去做我认为对自己最好的事。只有在自己不需要外来的赞许时，才会变得自由。"

第三节　全局规划：设计高效能人生

人生愿景让自己能够以终为始、看向远方。要想拥有既成功又幸福的高效能人生，需要全盘规划和顶层设计。设计要以梦想为起点，并且平衡人生的各个方面。

一、梦想清单：人生设计的起点

我曾经参加一堂时间管理课，课上我深受触动，进而我有了天翻地覆的变化。当时我是怎么被触动的？

课上有个互动环节，老师让每人写了一份梦想清单。写的过程我非常投入，完全沉浸在畅想的喜悦当中，想象着梦想的实现，但同时又有点忐忑和焦虑，觉得梦想的实现遥遥无期。

写好以后装在信封里交了上去，课程结束后，我很快就把这件事忘之脑后。直至三个月后的一天，我突然收到一封信，打开一看，就是当时老师让自己写的那份梦想清单，还多了一段话，里面有一句："你是否还记得这份你亲手写下的梦想清单？实现了多少？过去的三个月里，你为之努力了多少？"三个月我没有任何行动。在那一瞬间，悔恨和愧疚席卷了我，于是从那一刻开始，我下定决心要改变。

真正触动我，让我开始改变的是这份梦想清单，所以我这条曾经的"咸鱼"才有了翻身的机会。

你尝试过写梦想清单吗？如果还没有，不妨现在拿起纸笔，开始试试。

开始写之前，请做好以下三点准备：

1. 听从内心声音

你对自己已经有了一定了解，现在就请你完全敞开内心，对自己足够真诚，放下所有别人对你的期待和影响，寻找内心的热情，从自己的愿景、性格、兴趣和价值观入手。看着上个实操练习写下的人生愿景草稿，想象梦想实现以后的场景，体会自己的情绪。

2. 不给自己设限

只要想到，就都列出来。梦想可大可小、可远可近、可难可易、可模糊可具体，可以是人生的各个方面，但一定要发自内心、令你心动。你只需要自由自在地写，天马行空地写，不要有任何自我怀疑和自我否定。

3. 绝对无人打扰

找到一个独处的安静环境，给自己留出充足时间，没有紧急的事情，完全地放松下来，全然面对自己，放空自己，畅想未来。

当把这三点准备都做好了，就开始在纸上写自己的梦想清单，不分先后顺序，自由自在地写。可能曾经有过一些让自己朝思暮想、热血沸腾的愿望、梦想，但后来迫于眼前的现实或其他原因，把它们埋在心底，此时请把它们挖掘出来，写下来。写完以后，还请回味一下刚才做这件事时的情绪反应和心理感受。不管感受是什么，都尽量用语言描述出来，并记录下来。

实操练习

请写下你的梦想清单:

写梦想清单时你的感受和情绪：

_____

_____

_____

_____

_____

_____

_____

_____

练习时间：_____

二、平衡模型：人生考场不偏科

这份梦想清单可能有几十条甚至上百条，里面可能包含了健康、家庭、事业、财富、爱好等各个方面。这份梦想清单还需要整理。因为人生是一个结构化的整体，如果想提高效能、多收获、多成长，就需要提前布局和规划。用来整理梦想的工具叫作"人生平衡模型"，让梦想也能结构化，让自己在人生的考场上，做一个不偏科的"学霸"，这个模型就是用来进行顶层设计和规划人生的工具。

"人生平衡模型"涵盖了人这一生所追求和经营的四大方面，每个人的人生都由这四大板块构成——身体/健康、家庭/交际、事业/财富和自我实现。对照当前或回顾过去，每天付出的每一分每一秒，无一例外都可以分类归纳到这四大板块。这四个板块就像椅子的四条腿，撑起平衡稳固的一生，缺了哪条腿，人生都会失衡，留有缺憾。再把四大板块细分，可以包括十个人生主项：身体/健康板块包括身体健康和形象气质这两项，家庭/交际板块包括家庭、朋友/社交这两项，事业/财富板块包括工作（或称为事业、成就）和物质财富这两项，自我实现板块包含了兴趣爱好、学习成长、精神境界、心灵信仰四项，这些主要是精神层面的追求，具体如图2.3所示。如果把自己当成一家公司来经营，这四个方面就是公司的四大业务板块，其核心是人生愿景，即公司的发展战略，而战略的形成源于自我认知的各个方面。

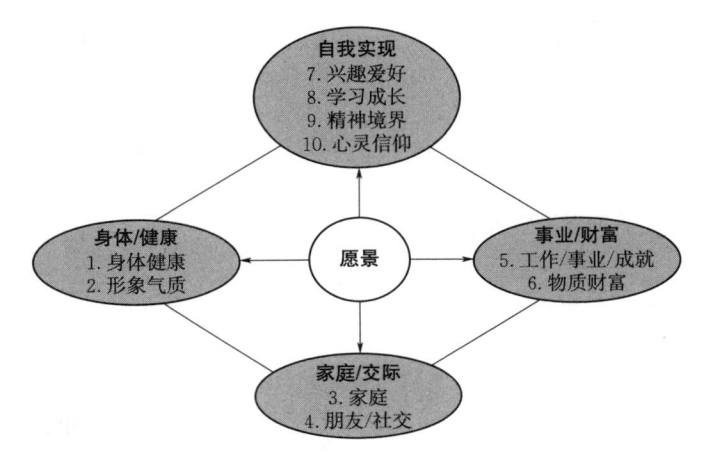

图2.3　人生平衡模型

这个平衡模型，出自《把时间留给最重要的事》这本书，作者是被誉为"时间管理之王"的赛韦特。我在这个模型基础之上把四个领域的名称做了一点修改，并拆分出十个人生主项，使之更加符合"相互独立，完全穷尽（mutually exclusive, collectively exhaustive）"的分类MECE原则，即不重叠、不遗漏。它的好处不仅在于框架清晰、一目了然，更在于帮助自己平衡人生的各个重要方面，而不至于顾此失彼。这四大领域构成了高效能自我管理体系的框架。我用这个模型开发了一整套成体系的自我管理工具，会在后面章节中陆续讲解，用来规划梦想、制订年度目标和年度计划、进行每月复盘、季度复盘以及年度复盘，并且记录时间开销。在使用了一段时间之后，我发现自己形成了一套高效有序的自我管理系统，不仅职场上收获了提升，更兼顾了家庭、健康、爱好和精神的富足和心灵成长，实现了高效、平衡的人生。

"平衡"这个词常被人们挂在嘴边，但它到底有什么内涵？过去自己对它是否有些误解或者片面理解？以前所理解、所追求的平衡是否只是个"假平衡"？

为了理解什么是真正的平衡，在进行对这个模型的应用之前，先从以下三个角度来深入剖析"平衡"这个概念：

1. 平衡是全方位的，不仅限于工作与家庭之间的平衡

平衡，关乎每个人的成长，而成长是每个人自己的责任。每个人都要经常自问如何更好地平衡。而且，不仅是工作和家庭之间的平衡，还是这四个方面的全面平衡。我所倡导的"高效能"人生，是兼顾和平衡这四

大领域的完整和幸福人生，在每个板块都要投入精力，而非过度追求其中一个而放弃其他。可以把这四个领域想象成手上的四个球，人们终其一生都在玩让这四个球平衡的游戏，不让任何一个球掉到地上。这四个球中，健康这个球比较特殊，要格外重视，因为它是玻璃球，一旦掉到地上就摔碎了，而其他三个球是橡胶球，不小心掉到地上捡起来还有继续玩的可能。

身体/健康、家庭/交际、事业/财富、自我实现，这些都是一个统一体的侧面，它们是矛盾的，又是统一的，不应当片面地强调某一个侧面而否定另一个侧面。这四大板块，从分配有限的时间和精力这个角度而言是互相矛盾的，但它们更是统一的，因为共同组成了"我的人生"这个统一的整体。

2. 平衡不是绝对的、短期的均衡，而是动态的调整，达到一个长期的平衡

有些人误以为平衡就是尽量把时间平均分配到各个方面，这种绝对的、短期的均衡不是自己所要追求的。自己要追求的是动态的、长期的平衡，也就是把眼光拉远，追求一个长期来看各方面都相对平衡的人生。在不同阶段可能有所偏重，这只是暂时的失衡，应根据自己在不同发展阶段的目标动态调整，所以长期来看依旧是平衡的。例如初入职场的年轻人，还没有成家生子，在家庭中投入时间更少，在工作中投入的时间更多，有时间为立足社会打好基础。而新手父母，则会适当减少工作或娱乐时间，多花时间抚养和陪伴年幼的宝宝。就像走钢丝，不是每时每刻都笔直、平稳，而是在一定幅度的左右摇晃中完成目标，达到动态的平衡。

3. 平衡不是指完美，而是妥协和取舍

平衡不意味着什么都做到满分，事实上也不可能事事做到满分。如果什么都要追求完美，可能最后什么也做不到。所以，为了各方面都能兼顾，一定程度的妥协和放弃反而是必须的。下面来思考一道数学题，这四个方面，不可能每项都是100分。如果能达到的满分是240分，你希望这四个领域的分数如何分配？换个问法，如果A方面100分需要付出B方面零分的代价，你愿不愿意降低对A方面的要求，只要50分就好，同时B方面也50分？看似简单的数学题，其实是复杂的人生选择题。在我看来，与其只在一到两个领域做到100分，其他领域都是低分，还不如在四个领域都做到60分。

怎样才算是一个令人满意的平衡人生？以上四个方面分别达到多少分才算平衡？对各个板块的期待值是多少？这些问题只有你自己能够回答，衡量平衡的标准因人而异，对这道数学题，每个人的答案都不一样。人生所要追求的，不是令"人"满意，而是令"自己"满意的人生。

理解了什么是真正的平衡以后，要用这个模型来系统地规划和布局人生。首先就是从整理梦想清单入手，把已经写下来的梦想清单，分类填写到这个模型的四大板块里。小明（化名）是我的一个学员，从这里开始，我会用她作为案例来示范后面的实操步骤，表2.2是小明的结构化梦想清单。

表 2.2　结构化梦想清单表示范案例（2024 年度）

姓名：小明
时间：2024 年 1 月 1 日

四大领域	梦想清单
身体 / 健康	我想变瘦，练出健美身材
家庭 / 交际	我想带父母去欧洲旅行
事业 / 财富	1.我想成为部门核心员工； 2.我想买一套房子
自我实现	1.我想学好英语； 2.我想成为一个爱读书的人； 3.我想周游世界

小明的梦想清单里有七项梦想，在表2.2上分布在四个板块。因为她还没有结婚，所以这里的家庭指她的原生家庭，因此目前她更偏重其他三个领域。

实操练习

请你把在上面实操练习里写下的梦想清单，分类填写到结构化梦想清单表（表2.3）里：

表 2.3　结构化梦想清单表模板

姓名：
时间：

四大领域	梦想清单
身体 / 健康	
家庭 / 交际	
事业 / 财富	
自我实现	

练习时间：_____

　　填好以后把这份梦想清单随时带在身边，让它时时给自己带来热情和动力。也可以随时修改，随时补充新的梦想，或者删掉已经放弃的梦想。

第三章

周密计划（plan）：志凌九霄，行稳致远

把远大宏伟的梦想和愿景落地，转化为具体的目标，从而拆解为周密的行动计划，找到实现的可能和路径。在每天众多的事务中分清轻重缓急，让每天的行动都朝着长远的目标迈进。那些好高骛远的人往往是缺了这一步，所以导致"理想很丰满、现实很骨感"。

第一节　梦想变身目标，才能落地

远大的梦想和收获的结果之间，隔着很长的距离。成为行动派的第一件事，就是把梦想变成清晰具体的目标。

一、目标的巨大作用

目标在人生的前进之路上能起到什么作用呢？希望这三个小故事能给你些许启发。

故事一：家喻户晓的动画片《米老鼠和唐老鸭》的创作者沃尔特·迪士尼能取得常人难以企及的成就，成功的秘诀就在于，对每一个放飞想象力产生的梦想，用"批评家"的视角和眼光透彻地进行分析，想尽一切办法收集相关资料和信息，判断哪些可行、哪些应该放弃，制订具体、可量化的目标和详尽的计划，让梦想切实可行。通过一次次的落地和细化，当年名不见经传的漫画师一步步成长为世界著名的动画公司的老板，堪称动画业的传奇。

故事二：著名的游泳健将佛罗伦斯·查德威克向卡塔林纳海峡发起了挑战，却遗憾地因"目标模糊"未能如愿。一个清晨，查德威克勇敢地自卡塔林纳岛跃入太平洋，目标是游往三十多公里外的加利福尼亚州海岸。当时，冰冷的海水与厚重的雾气交织，为她增添了重重困难。经过长达十几个小时的奋力划水，因视线所及之处仍是茫茫大海，未见陆地踪影，她不得不痛苦地放弃，彼时距离成功登陆海岸已不足一公里。与此同时，数百万观众正满怀期待地通过电视屏幕关注着她。事后，查德威克说，使她未能坚持到底的元凶既非身体的疲惫，亦非刺骨的寒冷，而是那令人迷失方向的浓雾，它剥夺了她对目标的感知，让她失去勇气，不能走完最后的路程。

故事三：日本有位名叫吉田穗波的妇产科女医生，她上着班、生了五个娃还拿到了哈佛大学的硕士学位。2008年8月，她带着一岁、三岁的女儿以及一个月大的新生儿，入学哈佛公共卫生学院攻读硕士。这之前，她从2007年6月下旬下定留学的决心，给自己订立了明确的目标"在2007年12月1日截止日期前完成考试和提交申请"。在这短短不到六个月时间内，她除了繁忙的妇产科工作，怀着身孕、照顾两个孩子，还要准备托福和GRE考试，并且准备申请书、论文、推荐信等一系列申请材料。正是清晰的目标和有限的期限，激发了她的潜力和效率。

这三个故事能说明目标有着巨大意义：让梦想更具可行性，给予方向与动力，激发潜力和效率。有目标和无目标全然是两种状态，有目标者意志坚决、行动高效、充满活力、鲜少抱怨，深知自身需求；而无目标者懒惰低效、茫然度日、常发抱怨、随波逐流，鲜有出色成果。《心流》的作者米哈里·契克森米哈赖一生投身于对"心流"这种高峰体验和人类巅峰表现的研究，他在书中说道："认定人生有意义之人，往往拥有一个富有挑战性、足以凝聚其全部精力的目标，人生的意义就构建在此目标之上。心流的首要条件便是行动必须有目标。"

二、七个字母定目标

目标既然如此重要，那该如何制定目标呢？怎样的目标才算是合格的目标？

提及目标管理，众人都会联想到广为人知的SMART法则，不过本书将采用经典SMART法则的升级版SMARTER法则，助力目标实现。根据SMARTER法则，所制定的目标必须满足以下七点要求：

1. 具体的（specific）

目标具体意味着要非常明确，防止空泛模糊。例如"今年我要学习一门编程语言"，具体是哪门编程语言呢？像"我要更努力工作""我要更认真工作""我想提升绩效"这类说法就很模糊。"更努力"是指增加工作时间，还是承担更多职责呢？"更认真"是指少出错，还是每次出错后写一份复盘报告呢？"提升绩效"根据不同岗位要求又具体指什么呢？这样的表述当作愿望尚可，但作为目标是不合格的。

"更努力工作"可改为"每天多工作一小时"，"更认真工作"可改为"工作故障率减少10%"，这样就成为具体的目标了。绩效目标需要结合岗位要求和绩效标准来制定。

2. 可衡量的（measurable）

制定目标时要考虑将来以何种方式衡量结果是否达成。这就像一把尺子，目标是否达成可用其衡量，通常是数字或者客观描述，避免"更多""更好"这类模糊主观的词汇。比如"我要多读书""团队内部加强沟通"，其结果就是不可衡量的。"我要多读书"改为"今年读完二十本书"，"团队内部加强沟通"改为"每天召开一次半小时站会用于交流和同步进度"，这就是可衡量的目标。

目标描述的不是过程而是结果，最终要达成什么、产出什么、完成什么。例如"我要学习一门编程语言"，这是过程而非结果。结果是学到何种程度、能输出什么结果，像"我要学习某种编程语言，并且编出两个小游戏""我要通过某某考试或认证"等。

3. 可达到的（attainable）

目标可以有挑战性，需要努力才能实现，但不可不切实际。可根据主、客观条件判断是否能达到，主观条件包括自身的意愿、能力、财力等各种资源是否充足，客观条件指外在环境的各种要素是否允许。例如，对大多数职场人士来说，"今年去二十个不同国家旅行"这个目标就不太现实，"今年去两个不同国家旅行"就比较实际。而且，即便单个目标都可达成，但目标过多而时间和精力不足时，也不符合"可达到的"要求，这时就要对目标进行优先级排序并取舍。

4. 相关的（relevant）

目标要与自己的身份、角色和价值观相符，否则会造成内在冲突，引发内耗。比如某个人是环保主义者，让他做重污染项目，这个目标会使他难以坚持，即便坚持下去也会痛苦。

5. 有时限的（time-bound）

没有时限的目标往往会被拖延，因为会觉得以后时间还多，缺乏紧迫感。

这五个要求的英文单词首字母分别为S，M，A，R，T。smart这个英文单词表示聪明、明智，所以smart goal也被称作"聪明的、明智的目标"。而SMARTER目标是在此基础上增加了另外两个要求E和R，出自美国高效能专家迈克尔·海亚特《规划最好的一年》这本书，可理解为"更聪明、更明智的目标"。

6. 激励的（exciting）

做事动机一般分内外两种。内部动机是指内心对这件事是否感兴趣、是否擅长、做完是否有成就感等；外部动机是指为获取外在物质奖励、外界评价、知名度等。

内部动机越强，动力就越强、表现越好且更持久。外部动机虽能提供一时的强大激励，但仅有外部动机无法持久，并且做事过程中的愉悦感也会降低。长期激励的目标一定要源于内部动机。

我刚转型为职业培训师不久，急于获得外部认可，便参加了两次线上培训师大赛。我参赛的初衷是"不管能不能得奖，都能扩大知名度"，这完全出于外部动机。而且评选规则里很重要的一环是我很反感的拉票环节，由于缺乏内部动机，尽管我投入很多时间准备，因不愿到处拉票最终还是放弃了，白白浪费很多时间和精力，对于这个目标我半途而废。因此，基于内部动机的目标，更容易坚持并克服困难。

7. 有挑战性的（risky）

根据自身能力与资源现状，目标具有一定难度，不是轻易就能实现的，这样会激发斗志和动力，快速提升能力、获取资源以达成目标。后来我参加了一次线下培训师大赛，当时抱着"提升讲课能力、与同行切磋技艺"的想法，出于提升自己的内部动机，给自己定下"在本地赛区拿下冠军或亚军，获取全国大赛参赛资格"的目标。面对众多高手，这是个很有挑战性的目标，我全力以赴准备，紧扣大赛评分标准准备内容、反复练习试讲、邀请他人给予反馈等，最终在比赛中夺冠。

在满足具体的（S）、可衡量的（M）、可达到的（A）、相关的（R）和有时限的（T）这五个基础要求之后，如果目标还具有激励的（E）和有挑战性的（R）这两个特性，将会更加优质，更有助于达成目标。

小明的梦想清单经过SMARTER目标管理法的优化后，形成了表3.1这份清单。

表 3.1 梦想到目标转化表示范案例

姓名：小明
时间：2024 年 1 月 1 日

四大领域	梦想	目标
身体/健康	变瘦，练出健美身材	1.年底前减重五公斤，瘦到五十公斤； 2.年底前练出紧实双臂
家庭/交际	带父母去欧洲旅行	今年无目标
事业/财富	1.我想成为部门核心员工 2.我想买一套房子	1.通过评级，成为目前领域内的专家，根据自己的不同岗位和公司要求制定可衡量的标准，比如通过认证或评级考核，或完成一个大项目里挑大梁的工作，或解决多少技术难题，或带领几个新人等； 2.3月底前确定购房区域和价格； 3.年底前存十二万元，总共存够三十万元
自我实现	1.我想学好英语	1.7月底前读完两本英文原版书； 2.10月底前看完一部美剧； 3.年底前记下这部美剧里的生词
	2.我想成为一个爱读书的人	4.读完十本书； 5.每本书写一篇读书笔记
	3.我想周游世界	今年无目标

在表3.1中，有些梦想并没有与之对应的目标。毕竟梦想是模糊的、理想的且具有长远性的，并非都能在当年达成。不过将其保留在梦想清单之中，能够让自己坚守初心。每年制订年度计划的时候，都思考一下能够为实现它做些什么。

实操练习

现在请把你写在上一个实操练习里的梦想转化为目标，填写到表3.2里，并且要满足具体的、可衡量的、可达到的、相关的、有时限的、激励的、有挑战性的这七个要求。

表 3.2　梦想到目标转化表模板

姓名：
时间：

四大领域	梦想	目标
身体 / 健康		
家庭 / 交际		
事业 / 财富		
自我实现		

练习时间：_____

第二节　目标变成计划，才有路径

一、目标经拆解后其实不难达成

将目标分解为一系列可操作的行动，且每个行动都有对应的可衡量且有截止日期的预期结果，这样就构成了一份完备的行动计划，这是决定成功与失败的关键因素，它会决定一个人究竟是好高骛远还是踏实务实。

2013年夏的一天，我突然产生一个想法，想让一家人到新加坡过春节。然而，"一家人一起去新加坡过春节"仅仅是一个宽泛的大目标。倘若只是想想，或者仅仅把这个想法写在待办事项清单里，而不把它拆解成一系列细致、可执行的步骤，那这个目标极有可能就无法实现，梦想就只能永远停留在梦想阶段。等到以后再想起来的时候，就只能为错过而懊悔不已。回顾往昔那些未达成的目标，很大一部分原因就在于没有进行拆解和细化。

为什么未经拆解的目标难以实现呢？这是由于人性趋利避害，人的大脑天生就会逃避复杂抽象的指令，而更愿意执行简单清晰的指令，一眼就能明确知道要做什么动作、完成什么任务。"去新加坡过春节"这个指令就太过抽象和宏大了，大脑不知道该如何着手行动，自然就会本能地拖延。

不过好在当时的我，经过多年的训练已经养成了"拆解"的思维习惯。每当看到一个大目标时，就会习惯性地拿起纸笔，画一个表格，见表3.3，列出详细的步骤以及每个步骤对应的截止日期。每一个步骤都清楚地表明该怎么做，然后按照顺序有条不紊地准备，既不会手忙脚乱又能高效推进，这样达成目标就是顺理成章的事情了。所以那年春节我们一家人顺利地去了新加坡。并且由于计划周全、准备充分，我们的旅途非常高效且顺利。

表 3.3　在新加坡过春节目标拆解案例

目标	任务	预计完成日期
一家人去新加坡过春节	查签证办理流程	
	准备签证办理材料	
	寄出签证办理材料	
	预订机票	
	预订酒店	
	查阅和编辑新加坡旅游攻略	
	网上购买优惠门票	
	兑换新加坡货币	
	整理行李	

　　这里运用的拆解方法是"色拉米方法"，它来源于《把时间留给最重要的事》这本书。运用该方法进行拆解时需要遵循三点要求：一是将长期目标分解为短期目标，或者把大目标拆成小目标；二是每一个短期或小目标都要有足够具体且可执行的动作与之对应；三是每个动作都必须有明确的完成期限。

再以小明为例，经过这个方法拆解，小明的年度目标就成了一份落地、可执行的年度计划，见表3.4。

表 3.4 目标到计划拆解表示范案例

姓名：小明
时间：2024 年 1 月 1 日

四大领域	愿望	目标	任务	预计完成日期	完成状态	实际完成日期
身体/健康	我想变瘦，练出健美身材	1.年底前减重五公斤，瘦到五十公斤	1.每周三天不吃晚饭	每周		
			2.每周素食两天	每周		
		2.年底前练出紧实双臂	3.每天器械健身三十分钟	每天		
			4.私教一对一每周一小时	8月底		
家庭/交际	我想带父母去欧洲旅行	今年无目标	无			
事业/财富	1.我想成为部门核心员工	3.通过评级，成为目前领域内的专家	5.担任××项目的首席设计师带队完成项目	6月底		
			6.担任两位新员工的导师	8月底		
			7.通过专家组认证	11月底		
	2.我想买一套房子	4.3月底前确定购房区域和价格；5.年底前攒十二万元，总共存够三十万元	8.每周末逛楼盘跑中介，了解价格，确定买房区域	3月底		
			9.月存一万元定期存款	每月		

续表

四大领域	愿望	目标	任务	预计完成日期	完成状态	实际完成日期
自我实现	1.我想学好英语	6.7月底前读完两本英文原版书； 7.10月底前看完一部美剧两次； 8.年底前记下这部美剧台词里的生词	10.读完《简·爱》英文版	4月底		
			11.读完《高效能人士的七个习惯》英文版	7月底		
			12.看完美剧《老友记》第1遍	6月底		
			13.记下台词里的生词	10月底		
	2.我想成为一个爱读书的人	9.读完十本书； 10.每本书写一篇读书笔记	14.列每月读书书目，每月读完一本	每月		
			15.每月写一篇读书笔记	每月		
	3.我想周游世界	今年无目标				

以小明"购买房子"这个目标为例，首先需要将长期目标拆分为短期目标。她的主要目标是2024年积攒够三十万元，扣除已有的存款后，2024年需要攒十二万元。将这个目标分解到每个月，小明每个月需要积攒一万元。

短期或小目标应对应一系列具体且可执行的行动，这一点至关重要，因为它决定了计划的可执行性。需要确保完成这一系列行动后能够实现目标。"具体"意味着只需看一眼大脑就能立刻明白要做什么，而不是模糊、粗略的想法或包含许多行动的大项任务。例如，"读完十本书"这个行动不够具体，需要列出这十本书的书目，并将书放在手边，这样大脑一看就会立刻去执行。动词可以分为可执行动词和不可执行动词。例如，"减重"就不是一个可执行动词，大脑看到后不知道要做什么。需要将其拆分为具体的减重方法，如"吃减脂餐"，这里的"吃"就是可执行动词。还可以通过跑步、游泳等运动来减重，那么"每天跑步五公里"或"每天游泳三十分钟"中的"跑步"和"游泳"就是可执行动词。"学习"不是一个可执行动词，需要将其拆分为具体的学习方式，如"读书"或"上网课"，这样就成了可执行动词。

回到小明的例子，"攒钱"也不是一个可执行动词。具体要如何攒钱呢？是选择存定期存款、购买理财产品还是保险？购买哪家银行的哪个产品？具体的计划越明确，可执行性就越强。

因此，在编写"任务"这一栏时，需要遵循一定的句式，才能写出真正有效、执行力强的任务描述。这个句式就是：<u>可执行动词＋宾语＋（限定语）</u>。限定语是可选的，有些任务有，有些任务没有。例如，"写完市场推广策划方案草稿"这项任务只包含可执行动词和宾语。"发送某某主题的邮件给相关人"，"给相关人"就是这项任务中的限定语。

每个行动都必须设定明确的完成期限。就像小明要在7月底之前读完两本英文原版书一样，对于读完第一本和第二本分别设定具体的时间是非常必要的。

这里要着重强调一点，在确定截止时间的时候，切不可将日程安排得过于紧凑，必须预留出缓冲时间。这是为了确保有足够的休息时间，并且能够应对计划之外发生的事情。要是没有这样做的话，就很容易频繁出现时间不够用、任务无法完成的情况，这无疑会对自信心造成打击，对坚持执行计划也是极为不利的。

当把所有的目标都按照这种方式进行拆解之后，就形成了一份计划。一份完备的计划需要包含3W1H这四个要素：

一是做什么任务（what），也就是明确要执行的任务内容；二是怎么执行（how），即确定完成任务的动作、流程以及步骤；三是明确每项任务的负责人（who），负责该项任务的准确完成；四是完成时间（when），设定每个动作和任务的截止日期。

从表3.4中可以看到，小明把七个愿望转化成了十个年度目标，而后又进一步把这十个年度目标拆解为十五条具体的任务。在这些任务当中，一部分是每天都需要重复进行的例行任务，另一部分则是到特定截止日期就必须完成的单次任务。

在下面的实操练习里，可以参照小明的例子，制订出一份既能让自己充满期待又具有很强可执行性的年度计划。

实操练习

请用表3.5模板，把你在上一个实操练习里做出来的年度目标拆解成一份可执行的年度计划。

表 3.5　目标到计划拆解表模板

姓名：
时间：

四大领域	梦想	目标	任务	预计完成日期	完成状态	实际完成日期
身体/健康		目标一：	1.			
			2.			
		目标二：	3.			
			4.			
家庭/交际		目标一：	5.			
			6.			
		目标二：	7.			
			8.			
事业/财富		目标一：	9.			
			10.			
		目标二：	11.			
			12.			
自我实现		目标一：	13.			
			14.			
		目标二：	15.			
			16.			

练习时间：_____

二、掌握拆解技巧，迅速提高执行力

执行力的提升并非局限于执行阶段，而是要从计划阶段的拆解入手。公司的战略和领导的决策通常较为宏观和远大，或者会交给自己一些复杂的大型任务。在着手执行之前，对这些任务进行拆解是非常必要的。在管理领域，执行被定义为"将目标拆解并逐一落实的过程"，由此可见，执行是从拆解开始的。在二十多年的管理实践中，我总结出了一个关于执行力的公式：执行力 = 拆解能力 + 监控推进能力 + 结果输出能力，其中拆解能力是构成执行力的关键要素之一。通过观察和总结众多学员的案例，我发现那些执行力不足的人往往缺乏拆解的能力。

拆解能力之所以对执行力至关重要，主要有以下三个原因：

第一，可以将大任务分解为多个小任务，这样做能够降低任务的难度，提高任务的可执行性，同时增加任务的灵活性。这样一来，就能够更有效地利用碎片时间，见缝插针地推进计划并取得进展。对于需要团队协作的任务来说，拆解还能提高协作效率和团队的整体执行力。反之，如果不进行拆解，直接让团队开始执行一个复杂的任务，在执行过程中可能会发现这个任务包含许多小任务，需要多人协作完成，而且某些任务之间还存在依赖关系。例如，任务A依赖于任务B的结果，但任务B尚未开始，这就会导致任务的等待时间增加。如果事先进行了拆解，就可以将任务统筹分配，让相关的任务能够同时进行，从而缩短整个任务的周期。

第二，拆解任务实际上是对任务的预演和对执行流程的推演，就像在脑海中先进行一次彩排一样。通过这种方式，可以将未来要执行的每一个步骤和动作都在头脑中预演一遍，从而理顺任务的步骤，注意到其中的细节，提前做好充分的准备，进而增强自信心。此外，拆解还有助于估算完成任务所需的时间，从而判断设定的目标是否可行。《高效能人士的七个习惯》一书中提到的"以终为始"习惯的一个原则基础就是"任何事都是两次创造而成，第一次是智力上的创造，先在头脑中构思，第二次才是体力上的创造，付诸实践"，而拆解目标和任务就是智力创造的过程。

我在拆解"去新加坡过春节"这个大任务时，就是先进行了一次智力上的创造，理顺了任务的先后顺序，并且知道办签证需要哪些流程和材料，可以及早进行准备。

1984年东京国际马拉松邀请赛，一匹黑马进入人们的视线，名不见经传的日本选手山田本一获得冠军，后来又连续好几次夺冠。记者采访他的取胜之道。他回答说："我是凭智慧战胜了对手。"他所说的"智慧"正是拆解能力，他在自传中写："每次比赛前，我都要乘车把比赛路线仔细看一遍，并画下沿途醒目的标志，如银行、树木、房子等，就这样一直画到终点。比赛开始后，我以百米冲刺的速度奔向第一个目标，到达第一个目标后，再以同等速度冲向第二个目标。就这样，四十多公里的赛程，被我分成几个小目标后轻松跑完了。起初我不懂这个道理，把目标定在四十多公里以外的终点旗帜上，结果跑到一半就精疲力尽了，我被前面遥远的路程吓倒了。"

第三，拆解让自己从理想走向现实，提前预知风险，因而可以及早管控或调整目标；或者发现自己在设定目标时过于理想和乐观，需要对原先的预估进行纠偏。经过调整和纠偏，增强了可执行性。例如到拆解时发现，有些事比预想的要复杂，有些步骤根本就不知道怎么下手，这时候需要去调研或去请教别人，才能把具体的行动步骤列出来。或者拆解时发现缺少某些资源，需要去协调、请求支持，那么，"请求支持、协调资源"也是一个步骤，也要加到计划里。或者拆解时发现有些步骤依赖于其他步骤，有些依赖于他人任务的结果，这时候就要调整步骤的先后顺序，因而需要修改计划。再如，之前有些步骤、因素、风险没考虑到，也都需要加进来。如果没有准确预估复杂程度，还有可能是高估了自己的效率，所以设定的目标过多、过大。通过拆解就会发现目标太多，设定时间内不可能完成，因此就要明确优先级，进行排序和取舍，这是一个做减法的过程，也是重新审视自己的过程。

我在拆解"新加坡之旅"计划时发现，去新加坡的签证有效期是不确定的，最短的才一个多月。如果过早预订机票，就有可能带来一个风险，还没等去，签证就过期了。所以，出行时间和机票最好在拿到签证以后再确定。

还有这样一个事例，同样能彰显拆解的重要性。在管理学课堂上，有一个著名的"给猫系铃铛"案例。

一群老鼠聚在一起开会，商讨如何应对猫突如其来的袭击。有一只被公认为聪明的老鼠提出，在猫的脖子上挂一个铃铛。如此一来，猫走动时铃铛就会发出声响，听到铃声的老鼠就能及时逃窜。大家都觉得这个主意很棒。然而，到底由谁去给猫挂铃铛呢？又该如何才能挂得上呢？在进行拆解的时候就会发觉，这些细节问题根本无解。要是不经过拆解就贸然行动，老鼠必然会丢掉性命。在工作中，通过拆解能够及时察觉并调整那些不切实际的战略与目标，从而避免不必要的损失。

拖延是一种极为普遍的现象，很多人都为此苦恼不已，不知该如何克服。研究显示，"拖延症"患者在其思维当中往往只有最终的目标，而没有达成目标的路径，并且在思考问题的时候常常过于理想化，所以在设定目标时通常不切合实际。许多拖延的情况就是因为没有进行拆解或者拆解得不够彻底，而拆解能够有效地克服拖延，提升执行力。

对于管理团队承担的重大任务或者工作中的大型项目而言，拆解显得更为关键，只有拆解到位，才能够激发团队成员的执行力，让大家围绕同一个目标高效协作。表3.6中的这个案例就是某通信研发项目的拆解过程。

总目标是于10月30日之前向A客户交付该项目，通过客户验收，交付后系统可正常运行，并且费用不得超过预算。

这个总目标比较庞大，运用"色拉米方法"的三个要点，先将其拆解为一系列的中期目标，也可称之为小目标：在2月28日之前组建项目组；3月30日之前完成项目的需求分析与确认；6月30日之前完成软件开发；9月30日之前完成实验室测试；10月30日之前完成对客户的正式交付。接着再把每个小目标拆分成一份项目计划,也就是具体的执行任务与步骤,并且明确相应的完成期限。

表3.6　某通信研发项目计划拆解表案例

小目标	任务	负责人	预计完成日期	完成状态	实际完成日期
9月30日前完成实验室测试	完成测试计划	小李	4月30日		
	将测试计划发送邮件给审阅人	小李	4月30日		
	召开测试计划审阅会议	小王	5月7日		
	根据审阅意见修改测试文档	小李	5月14日		
	将修改版发送邮件给审阅人	小李	5月14日		
	主审员签字确认审核通过、归档	小张	5月17日		
	写完A部分测试脚本（预计100个）	小李	5月30日		
	写完B部分测试脚本（预计80个）	小刘	5月30日		
	调试实验室测试环境,试运行30个脚本,通过率80%以上	小马	6月30日		
	测试A部分脚本（预计100个）	小李	8月30日		
	测试B部分脚本（预计80个）	小刘	8月30日		
	写完完整测试报告	小刘	9月30日		

表3.6中的每一项任务的描述都遵循"可执行动词＋宾语＋（限定语）"这一公式。像"写完""发送""召开"这类动词明确且具体，"测试计划""邮件""测试计划审阅会议"分别充当其宾语，"给审阅人"则为限定语。凭借这份详尽的计划，团队成员能够高效地协同工作，管理者也能够及时掌握工作状态。

三、拆解过程，需警惕四个陷阱

"色拉米拆解法"看似简单易行，但若运用不够娴熟，就可能出现拆解不彻底、不到位的情况。在我辅导学员进行大量目标拆解的案例中，发现了诸多问题，这些问题可归纳为以下四类，并且针对每类问题总结出了相应的解决办法：

1. 动作不可执行

在很多任务描述里，虽然选用的是动词，但这些动词并非可执行的动词，而是抽象、模糊、笼统的非执行动词。例如"提高"工作效率、"缩减"预算、"保持"良好的团队氛围、"学习"某项技能等，这些动词无法直接对应一个确切的操作行为。将这类动词纳入计划，会使执行效率大打折扣。

解决办法：用可执行动词替换不可执行动词。比如"提高工作效率"可以依据具体岗位的效率衡量标准进行替换，像"一个小时执行测试脚本从十个提高到二十个"或者"写完一篇工作报告的时间从两小时缩短为一小时",这里的"执行""写完"就是可执行动词;"缩减预算"能够改为"取消某某物料的采购","取消"为可执行动词;"保持良好的团队氛围"可以变为"每个季度组织一次团建","组织"是可执行动词;"学习某项技能"可以改成"举办某场培训","举办"是可执行动词。

还有一种情形,有些事情的结果是无法控制的,像"升职加薪""争取某个机会或荣誉"等。在这种情况下,就不能把"争取当上部门经理""争取被评为优秀员工"直接写进计划。因为"争取"这个词反映出心里没底、给自己留后路的心态,如果未能达成目标,自己就会为自己找借口:"只是说争取而已嘛,又没说一定要做到。"这种心理暗示会在无形之中降低执行力。

解决办法:为了得到这个结果、机会或者荣誉,需要做哪些准备、付出何种努力?岗位有哪些具体要求?把这些所需的准备和努力写进计划。

2. 结果不可衡量

像"更积极主动""更努力工作""认真做好工作""多沟通""多学习"这类描述都难以衡量,这会导致在结果交付阶段无法准确判断计划是否已经完成,在执行过程中也不能随时依据结果来评估进度。

解决办法:结合岗位要求,在任务描述中体现出数量、频率、程度等量化结果。例如"更努力工作"可以改为"每天提前一小时到办公室,晚一小时离开";"认真做好工作"要根据岗位要求写出"好"的具体、可量化的描述;"多沟通"可以改为"每天召开一次站会";"多学习"可改为"每月团队共读一本书"等。

3. 缺乏关键步骤

在进行拆解时，如果某些关键步骤没有被列出来，那么在执行过程中就会遇到阻碍，从而不能按时达成目标。

解决办法：通过全流程推演，考虑到各个细节，明确每一步需要采取的行动、所需的资源、要完成的内容、产出的结果，以及是否需要他人的支持？可能会遇到哪些挑战和困难？如何克服？结果以何种形式呈现？把涉及的每一步都写进计划，只有把每一个步骤都执行完毕，才能达成目标，这样才是一份完整的计划。

4. 依赖关系混乱

在一些计划中，步骤之间存在依赖关系，有些前面的步骤要依赖后面的步骤，这就会导致执行时需要等待，从而延长了整个工期。依赖关系分为两种：开始依赖和结束依赖。开始依赖是指A任务没开始则B任务也无法开始；结束依赖是指A任务没结束则B任务不能开始。

解决办法：在进行全流程推演时，要明确标注步骤之间的依赖关系，并按照开始时间对步骤进行排序。如果是开始依赖关系，那么A任务和B任务可以并行执行；如果是结束依赖关系，A任务和B任务就不能并行执行，B任务只能等到A任务结束后才开始。捋顺了依赖关系，就能够并行执行多项任务，加快整体进度。

任何技能都需要通过不断练习才能熟练掌握，拆解也是如此。通过反复练习，大脑就像多了一把螺丝刀，将"拆解"转化为一种本能的意识和习惯，执行力自然就会得到提升。

第三节　让梦想融入每日生活，方能成真

在完成上一个实操练习之后，我们手中已经握有一份具备高度可执行性的年度计划。然而，仅仅拥有计划是不够的，如果梦想未能融入日常生活，它便不会自行变为现实。因此，要提升自我管理的效能，关键在于让长期目标渗透到每一个日常行动中。我们需要将年度计划进行细致的拆解，并将其安排到每一天的日程里。每一天，都应让年度目标成为心中指引，辨识事情的轻重缓急，并依据优先级合理分配时间。

一、四个象限，明确优先顺序

提及优先级，不得不说到时间管理领域广为人知的"重要紧急四象限"模型，如图3.1所示。

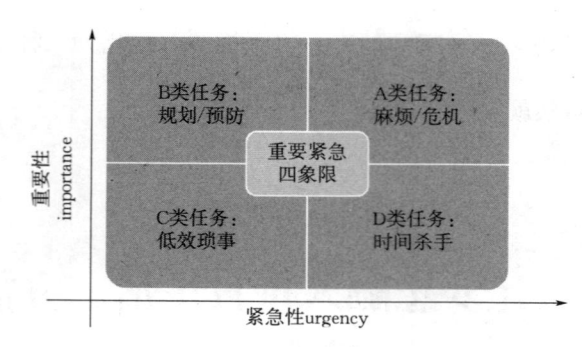

图 3.1 重要紧急四象限模型

用横轴来表示事情的紧急性，纵轴表示事情的重要性，依据重要性和紧急性这两个维度，就能对事项的优先级加以区分，从而将其划分为四个象限。

处于第一象限的是既重要又紧急的A类任务，这类任务犹如"麻烦""危机"。比如，亟待解决的问题、突然发生的严重意外事件、时间万分紧迫的要务等，这些情况都必须马上着手处理，不然就会引发严重的后果。举几个例子来说，"到了月底，可本月的销售指标却还未达成"，这种情况下就只能放下其他所有工作，全力以赴地去追赶指标；"仓库突然起火"，那必须即刻灭火；"项目突然陷入危机"，必须马上进行处理；"人意外病倒"，必须马上前往医院就医。

第二象限的是重要但不紧急的B类任务，这类任务可以概括为"规划""预防"。例如，防火检查、锻炼身体这类预防性的措施，还有战略规划、重要关系的维护、读书学习以储备知识等都属于此类。像"在把产品交付给客户之前做好质量检查""盘点客户资源，维护客户关系""定期进行防火演习""思考人生愿景，自我探索；为未来做规划，定期复盘总结""用心经营家庭和亲子关系"等都属于这个范畴。这类事项的特征可以用四句话来概括，那就是"不做影响小，做了收效慢，长期好处多，容易被拖延"。

第三象限是紧急但不重要的C类任务，也就是所谓的"低效琐事"。这些事情往往是截止时间近在眼前，但所产生的价值不大的琐碎事务，例如"马上下楼取快递""接待那些不太重要的访客""接听某些电话""参加某些会议"等。

第四象限则是既不重要又不紧急的D类任务，这类任务就像是"时间杀手"。比如用来打发时间的消遣活动、闲聊、逛街、打游戏、查看和回复无关紧要的消息等都属于这一类别。

界定这四类优先级的标准是一个人的价值体系、未来的人生愿景及发展目标，与这些相契合的就是重要事项。同一件事情对于不同的人而言，优先级可能会完全不同。就拿长时间观看视频这件事来说，对于网红、博主而言，这可能是寻找灵感、学习经验等工作所需的，属于重要不紧急的B类事项，然而对于有些人来说，刷视频只是一种娱乐消遣方式，属于不重要不紧急的D类事项。

一个模型即便十分有名，但倘若不能为我们所运用并转化为切实的成果，那它的价值其实是非常有限的。那么，怎样运用这个模型来管理事务，进而让自己成为一名高效能人士呢？关键就在于重视B类事务，并且主动为其投入更多的时间，这是提升自我管理效能的又一要点。这样做会有三个方面的益处。

其一，过上理想人生，增强掌控感。这类事务由于与自身的长远规划和目标相契合，所以能够创造出更具价值和意义的成果。这也使得自己始终坚守初心，行驶在期望的轨道上，朝着向往的目的地前行，从而对自己拥有更强的掌控感和内在驱动力。

其二，避免因突发状况而陷入忙乱。我刚刚晋升为经理的时候，就得到了一个深刻的教训。当时我负责一个重要项目，我所带领的团队中有80%都是新员工。我没有充分考虑到他们经验不足的情况，没有监督团队做好质量管控工作，也忽略了对他们代码的严格审查。结果项目交付给客户之后出现了严重的质量问题，于是只能带领团队紧急修复。那三四个月里，经常加班到半夜，忙于和客户开会沟通、修改软件错误、撰写各种报告等。

正是因为平日里没有重视B象限的预防性事务，才让事情演变成了A象限的危机事件。这种"救火"式的应急模式原本是可以避免的，它的发生不但造成了人力和时间资源的巨大浪费，还带来了不必要的压力。

很多重要的事情原本并不紧急，只是被拖延成了紧急事件。例如，平时不花时间梳理公司战略，就可能错失市场机会，事后为了弥补而疲于奔命；平常不花时间辅导员工，在项目和任务来临的时候，员工就只能临时恶补技能，等等。生活也是如此，平时疏于锻炼身体，说不定哪天就会突发疾病住院，从而被迫停止所有事务；平时不注重经营婚姻，就可能引发婚姻危机；平时不重视维护亲子关系，就可能导致孩子出现问题。所以，平日里做好重要但不紧急的B类事项，能够节省时间、精力，还能减少烦恼。

其三，减少在低效琐事和时间杀手上的时间耗费。时间是守恒的，每天仅有二十四小时，既然B类事项如此重要，那用于它的时间从何而来呢？只能从C类事项"低效琐事"和D类事项"时间杀手"那里挤出来。要是整天都忙于C类和D类事项，那过的就是毫无方向、不负责任的生活，任由他人或者自己的随意想法掌控未来的人生走向。在C类和D类事项上做减法，其实是减少了无价值的时间损耗，提升了生命的质量。

习惯重视B类事项并且主动为之投入时间，会在大脑里深深植入优先级的观念，从而成为要事第一的高效能人士。回到时间管理的本质目的，它不是要让自己做更多的事，每天忙忙碌碌，而是要舍弃一些兴趣和目标，多去做那些对自己真正重要的事情。

实操练习

有哪件事，你经常做会对工作或生活产生重大的正面影响，但迟迟未行动？或者有哪件事你常常想做却总是推迟？请判断这件事属于哪个象限的优先级。

_____

_____

_____

_____

_____

练习时间：_____

二、4D 策略：管理优先级

重要紧急四象限能够帮助我们厘清任务的优先级，而与之配套的实操方法4D任务管理策略，简称为4D策略，则可以将年度计划安排到每天的日程当中，并落实到日常行动里。针对不同优先级的任务，能够运用四种不同的策略：立即行动（do）、延迟（delay）、授权（delegate）、删除（delete），这四个单词均以英文字母D开头，所以被称为"4D策略"。

将这四种策略与四个象限相对应：对于重要又紧急的A类危机和紧急突发事件，别无选择，只能采用立即行动的策略，妥善处理这些事情，防止造成更严重的后果。重要不紧急的B类预防规划要务，可以选择立即行动，或者有计划地进行延迟，但绝不能无限期拖延。紧急不重要的C类低效琐事，如果能够不做就尽量不做，采用删除策略；要是实在无法避开，那就立即行动，迅速解决问题，不然它会一直牵扯自己的精力；或者将其授权给他人去做，例如花钱请人帮忙跑腿或者打扫家务来节省自己的时间。至于D类"时间杀手"，毫无疑问，应当立即删除，就像直接将其扔进垃圾桶一样。

通过运用4D管理策略，每天可以制定一份每日要事清单。很多人都有每天列出待办清单的习惯，不过这个每日要事清单和普通待办清单相比，具有以下三点优势：第一，优先级清晰明确；第二，依据不同的优先级有相应的管理策略；第三，包含预估用时，这样可以更精准地规划一天的时间安排，同时有助于培养对时间的感知能力。

在列出计划时，只需要填写"序号""待办事项""优先级""4D任务管理策略""预估用时"这些项目即可，最后三列"实际用时""完成状态""专注度"将在后面的章节中使用。

仍然以小明的案例为例。围绕上述年度计划，表3.7是她运用4D管理策略之后某天的要事清单。

表 3.7　每日要事清单表示范案例

姓名：小明
日期：2024 年 4 月 1 日

序号	待办事项	优先级	4D 任务管理策略	预估用时	实际用时	完成状态	专注度（高/低）
1	主持××项目的进度沟通会议，列出当前风险与管控措施	A	立即行动	2小时			
2	画好××项目××部分的设计图	B	立即行动	6小时			
3	审阅新员工××项目的进度报告，并提出反馈意见	B	延迟（至次日）	1小时			
4	参加××会议	C	授权	1小时			

续表

序号	待办事项	优先级	4D任务管理策略	预估用时	实际用时	完成状态	专注度（高/低）
5	阅读《高效能人士的七个习惯》第三章并做笔记	B	立即行动	1小时			
6	早起去公园绿道跑步	B	立即行动	1小时			

在一次采访中，我询问蔡亦钢博士，他为何能够取得这样多的成就？除了努力与认真这些品质和习惯之外，在时间管理方面他又有着怎样的做法与经验呢？蔡博士回答说，首先是要分清主次、把握重点，当明确了重要目标之后，他会确保计划性极强，无论是年计划、季度计划、月计划、周计划还是日计划，各个周期的计划都一应俱全。每天都会预先制订好第二天的计划，从大局出发统筹安排时间，而且计划详细又具体，对每项任务所需时间都进行预估。这样既能够紧紧盯住一段时间内的主要目标，又可以维持每天的灵活性，及时对每日计划进行调整，例如改变任务的优先级，为突发的事件预留一定的缓冲空间，一旦有了临时的碎片时间，就能迅速安排适合当下情况的待办事项。由于计划非常细致，尽管事务繁多，但能保证在做一件事的时候就全身心地投入到当下事务之中。虽然制订计划会花费一些时间，但对于提高效率而言却是非常有帮助的，这正应了那句"磨刀不误砍柴工"。

人们常说"一日之计在于晨",然而我所提倡的是"一日之计在于昨",蔡博士也着重强调了要"提前做好第二天的计划"。在临睡前列出次日的重要事务清单,除了能够做到心中有数、更加从容不迫之外,还能够提前做好物料等相关准备工作,并且更为神奇的是能够发挥潜意识的作用。因为脑海里带着要事清单入睡,有时第二天醒来时,会突然产生一些新的灵感,有助于更具创意、更高效地完成任务。

简单的方法只要坚持去做,就会有意想不到的效果。你也可以尝试一下,下面就通过实操练习来列出你明天的要事清单吧。

实操练习

请用表3.8的模板列出明天的待办事项,填到"预估用时"列即可,后面三列空着留待后面章节使用。

表3.8 每日要事清单模板

姓名:
日期:

序号	待办事项	优先级	4D任务管理策略	预估用时	实际用时	完成状态	专注度（高/低）
1							
2							
3							

续表

序号	待办事项	优先级	4D任务管理策略	预估用时	实际用时	完成状态	专注度（高/低）
4							
5							
6							
7							
8							

练习时间：_____

第四章

极致执行（extreme execution）：
千里之行，始于足下

诱人的计划与实际结果犹如河的两岸，而行动则是横跨这条河的唯一桥梁。只有通过行动，尤其是具备极致高效的执行力，才能够抵达彼岸。那么，极致高效的执行力从何而来呢？它源于克服人性中与生俱来的拖延习性，在喧嚣嘈杂的周围环境里提高自身的专注力，善于利用碎片时间，并且如同记录金钱收支一样认真地记录时间账本。朝着明确清晰的目标高效行动起来，并且持续不断地积累成果，这便是职场人士的核心竞争力所在。

寓言家克雷洛夫曾讲过："现实是此岸，理想是彼岸，中间隔着湍急的河流，行动则是架在河上的桥梁。"然而在我看来，行动是横跨在这条河上的独一无二的桥梁。不管梦想多么美妙，计划多么周全，要是缺乏行动，期望的结果就永远不会降临。

在朝着目标前行的行动过程里，会用到各种各样的资源，一般包含人力、财力、物资、信息、时间这五大类别。对于企业和团队所要达成的目标而言，这五个方面都极为关键，并且所需的投入也比较大。但就个人目标来说，人力主要就是自己，财力、物资、信息方面的需求也相对有限，只有时间是每时每刻都需要的，并且它是所有资源里最为稀缺和宝贵的。所以，在接下来有关执行的章节当中，仅仅会涉及时间这种资源的管理。要是时间管理不善的话，就会遭遇诸多阻碍，像拖延行为、碎片时间的浪费、分心干扰等情况就会出现……下面的章节将会逐个解决这些问题。

第一节　对症下药，"拖延症"不难治

在课堂上，当我问及"如果你觉得自己有'拖延症'，请举手"时，几

乎所有学员都会响应。这一现象足以说明"拖延症"的普遍性。或许你会感到些许安慰，因为许多名人和大师也曾是"拖延症"的"患者"。

一、原来大师也有"拖延症"

例如，达·芬奇因拖延而耗时几年才完成他的著名画作。他的拖延习惯甚至导致五六幅画作在他去世时仍未交付。而法国作家雨果的拖延经历则更为有趣。他答应出版商写一本书，但一年后却一个字未动。原来，雨果热衷于社交，忙于与朋友聚会、招待宾客，从而耽误了写作。为了战胜"拖延症"，雨果想出了一个奇特的招数——剃掉一半眉毛和头发，脱光衣服，让助手把所有衣物锁进箱子，自己仅披一条披肩专心写作。这一招果然奏效，他最终提前完成了《巴黎圣母院》的创作。

这个故事表明，拖延是一种普遍现象，不仅普通人会受其困扰，许多杰出人物也不例外。

英国作家塞缪尔·约翰逊曾说："我们总是推迟那些我们最终无法逃避的事情，这是一种普遍的人性弱点，它或多或少地存在于每个人的心灵之中。"拖延并非单纯的时间管理问题，也不是品德或智商的问题，更非意志力不足的表现，而是一个与心理密切相关的难题。人们往往想要逃避的并非事情本身，而是它所带来的恐惧、焦虑、挫败和痛苦等负面情绪。这一观点源自《拖延心理学》一书，该书的两位作者简·博克和莱诺拉·袁经过多年的临床研究得出了这一结论。值得一提的是，他们自己在书中承认有过许多拖延行为。难怪该书的副标题是"向与生俱来的行为顽症宣战",再次凸显了拖延是人性中难以克服的顽疾。因此,众多人受到拖延困扰也就不足为奇了。

了解这一观点后,应正确看待拖延,调整心态并合理期待。正确看待拖延意味着接纳自己,以宽容、平和、乐观的心态对待自己,不要总是给自己贴上负面标签,而是要肯定自己的每一点进步。合理期待则是指不必寄望完全消除拖延行为,而是通过正确的方法避免重要事项的拖延,防止造成严重后果。在现代,除了主观上的人性倾向,现代人还面临着信息爆炸、移动互联网带来的选择过多和注意力分散等客观挑战,因此克服拖延的难度更大。在这种情况下,更需要实用有效的应对策略。只有先调整好心态,才能在行为上更积极有效地应对拖延。

拖延是一种心理问题,从心理层面分析,其根源主要有四种原因:<u>缺乏动力、信心不足、分心干扰以及目标遥远</u>,如图4.1所示。这一发现是由心理学家皮尔斯·斯蒂尔教授提出的。

缺乏动力　　信心不足

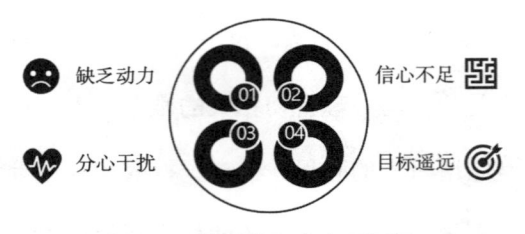

分心干扰　　目标遥远

图 4.1　拖延的四大心理根源

回首过往的拖延经历时，往往会有如下心理感受："我知道这件事很重要，不做的话会有不良后果，但我就是提不起兴趣，不想去做"，这表明自己缺乏做这件事的热情与动力，情感上抵触理智的安排；"我看到这件事既麻烦又耗时，就打退堂鼓了"，或者"我害怕自己做不好，再等等吧，多做些准备"，这是畏难情绪或者完美主义在作祟，体现出自己内心对这件事缺乏信心；"现在事情又杂又多，时间也支离破碎，根本没法专心做事"，这是因为干扰因素过多，缺少专注做事的环境与心境；"早做几天也没什么明显差别，干脆再等等吧""不急，时间还多着呢"，这是由于距离目标还比较遥远，当下看不到及时反馈，对时间存在过度乐观心理。有时候，一个拖延行为可能背后涉及多个原因。

通过多年的学习与实践，加上众多学员的案例分析，我总结出一套方法来应对这四种原因。在使用这些方法的过程中，需要留意觉察自己内心的感受、情绪和想法，并且要及时写下来、持续记录。这会提供非常有价值的真实信息，有助于自己更精准地判断原因并找到正确的解决方法。我将这种习惯称为"内观"，这对自我成长十分有益。

二、找到动力，治疗"缺乏动力型"拖延

对某件事缺乏动力的深层原因可能是，这件事并非自己内心深处真正渴望去做的，甚至可能很抵触它；或者是别人强加给自己的任务，不是我们的主动选择；也可能是看到别人做了，就觉得自己也应该做，但并非发

自内心，所以本能地产生抗拒，进而导致行动上的拖延。

这个心理根源很容易理解，因为人性本来就是趋利避害的。针对这种类型的拖延，唯一的应对策略就是找到动力，不管是挖掘内心深处的兴趣，还是为这件事赋予意义说服自己，总之就是要让自己看到更多的"有利之处"。

挖掘兴趣，寻找让自己真正想做、热爱的事情，这是自我探索过程中非常重要的一步。前面章节里提到的"探索人生愿景"和"列出梦想清单"等内容，目的也是挖掘内心的热爱和动力。

根据我自己运用的经验，我把书中的方法进行了简化，取名为"三个圆圈找真爱"，如图4.2所示，以此来发现内心真正的需求和热爱，找到内心最想做的事。

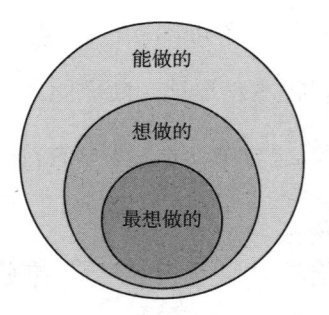

图4.2 "三个圆圈找真爱"法

最外侧的圆圈涵盖所有能够去做的事情，不过其中有些事并非出于自身的意愿，而是出于责任或者其他因素才不得不去做；中间的那个圆圈代表着内心想要做的事，但这些事的迫切程度和强烈程度稍弱一些；而最里面的圆圈则包含着最想做的事，这才是内心深处最为深切的渴望与愿望。时间属于一种"零和"资源，既稀缺又宝贵，只有削减那些不得不做的事情，才能够将时间投到真正想做的事情上。

若要将这个方法付诸实践，请你准备好一张A4白纸、一支铅笔和一块橡皮。首先画出最外面的大圈，把当前自己能够做的各类事情都写下来，如果事情太多太杂乱，可以按照人生平衡模型的四大领域进行分类书写。写完之后，再画中间的圈，将那些相对比较想做的事从外圈移到中间的圈里。接着再画最里面的圈，从中挑选出最想做的事填到这个圈当中。不需要一次性完成这个练习，把这张纸放在身边，只要想起来就随时补充。经过一段时间之后，就能找到位于最内圈的那些最想做的事。

有些学员向我反馈，在做这个练习的时候，很多事自己都说不清楚到底想不想做，感觉从小到大都没有对什么特别感兴趣过，中间这个圈不知道该怎么填。要是存在这样的困惑，可以尝试问问自己以下这些问题：在我过去的成长历程中，做哪些事让我格外快乐呢？回报不多也心甘情愿去做？有哪些事不是为了满足他人的期待或者评价，而是我自己从心底里想要去做的呢？

必须要看到，每个人都肩负着一定的责任和义务，不可避免地会存在一些不想做却又不得不做的事情。使用这个方法的目的，并非要彻底摆脱这些事。重点在于尽可能地增加想做的事，并且有意识地把更多的时间花在最里面的那个圈里，这是增强幸福感极为有效的一个方法。如果每天都有很多发自内心最想做的事，又怎么会出现拖延的情况呢？如此一来，"拖延症"也就自然而然地消失了。

时间管理就是"选择对自己来说正确的事去做"，这个练习就是为做出选择和决策提供更多的依据，从而找到对自己而言"正确"的那些事。如果把自己当作一家公司来运营，选择朝着哪个方向发展，选择将时间用在哪些事情上，这背后体现的就是战略思维，所以说时间管理的底层核心是战略思维。选择意味着放弃，只有"有所不为"才能够"有所为"。正如《幸福的方法》中所说的那样："时间是如此稀缺而宝贵的资源，只有当我们学会开始对一些没那么重要的事情说'不'时，我们才能对那些最有意义和价值的事情说'是'。"

这个方法也能够应用于工作之中，用以提升工作的积极性以及职业幸福感。请再找一张A4白纸、一支铅笔和一块橡皮，同样画出这三个圆圈，接着把自己当前岗位的所有工作任务罗列出来，分别填写到这三个圆圈里。

对于那些不喜欢的任务，人往往会本能地产生抗拒和拖延的心理。在这种时候，可以这样告诉自己：只要完成这些任务，就能够尽情地去享受那些喜欢的任务，把这当作对自己的一种犒劳。要努力想办法高效且迅速地完成任务，不过必须确保质量，不能出差错，或者可以将其授权给他人去做。

以这种拆解的方式来对待工作，会使自己看待工作更加客观、理性、冷静，同时也更具主动性，拥有更强的掌控感。在进行职业生涯规划的咨询与辅导工作时，有些来访者因为不喜欢一份工作就想跳槽，或者工作积极性不高,我就会让他们运用这个工具。在梳理完工作任务之后就会发觉,实际上不喜欢一份工作,往往只是不喜欢其中的某些工作任务而已。这个时候他们就会变得更加清醒和理智,从而避免盲目跳槽,也更清楚该如何主动地去规划未来的职业发展,工作积极性自然也就得到了提升。

但即便如此,仍然会存在一些不想做却又不得不做的事情。这时候就需要运用下面的对策——认知心理学中的"ABCDE认知重塑法",如图4.3所示,来改变自己对某件事情的认知和看法。根据我自己的实践经验,经常运用这个方法,能够提升心智水平,摆脱负面情绪,以更加积极乐观的态度看待事物,内心也会变得更加强大,不容易被外界因素所左右或者困扰。

activating events	发生事件
beliefs	个人看法
consequences	引发后果
disputing	重新看待
effects	改善效果

图 4.3 ABCDE 认知重塑法

下面将结合自身的一段职场经历,详细阐述这个方法的具体操作步骤。曾经,"经常加班开越洋会议"这件事对我来说是一个巨大的困难与挑战,但通过这个方法,我却把它转变成了令人期待和珍视的成长机遇。客观而言,事情本身并未改变,然而我的主观心态却发生了天翻地覆的变化。

A代表activating events，即某件事情或者情境的发生。以前我在一家外企工作时，同一个项目的团队成员分布在各个国家，由于时差的影响，我作为项目负责人常常需要晚上在家参加越洋电话会议。

B代表beliefs，也就是针对这件事情所持有的看法、信念和态度等。频繁加班占据了我大量的个人时间，还干扰了我的家庭生活。特别是当时我儿子还小，晚上非常依赖我，我每次开会就会减少对他的陪伴，推迟他睡觉的时间，我当时不知道该如何在工作和家庭之间取得平衡。

C代表consequences，即由于所秉持的看法和态度而引发的情绪以及产生的后果。"认为加班开会严重影响家庭，并且自己付出的时间和辛苦很不值得"这种看法致使我对加班开会这件事极为反感和抵触。

D代表disputing，意味着重新审视自己的看法、态度和信念中有哪些是可以改变的。这相当于和自己进行一场辩论，权衡原有的信念和改变后的信念哪一个更有利。这是最为关键的一步，简单来说，就是"换个角度看问题"，也就是"转念"。这个转念的过程是通过一系列内心的自我对话来完成的。

我冷静下来思考，我真的要因为这件事就辞职吗？答案显然是否定的。既然这份工作是我主动选择的，而且担任项目负责人是公司对我过往表现的一种认可，并且是给予我进一步成长的机会，所以职责范围内的加班开会其实也是我自己主动的选择，并非受他人强迫，那我还有什么可抱怨的呢？

既然还想继续留在这里工作,"有时差"和"经常加班开会"这些客观事实无法改变,那么反观自己,我的态度和做法有什么可以改变的吗?换个角度思考,开会这件事难道就没有任何价值吗?可能会存在哪些好处呢?

当我把关注的焦点从抱怨外界转移到反思自己的时候,转念就发生了。我想到市面上英语培训课程的价格都很昂贵,开一次会两个小时,就相当于节省了不少英语学费呢,我为什么不利用这个机会把自己的口语练习得非常流利呢?

<u>E代表effects,也就是换个视角重新看待之后所产生的效果,以及原先的后果得到了哪些改善</u>。当我想到这一点的时候,情绪就发生了巨大的转变。我开始对开会充满期待,电话那头的外国同事们仿佛变成了免费帮我训练口语的可爱外教。想法改变之后,行动也随之改变。我开始珍惜每一次开会的机会,每次都积极参加,并且主动采取一系列行动来进行口语的刻意练习。经过一段时间之后,我惊喜地发现自己的英语口语有了突飞猛进的进步。

如果你有一些事情自己不是很愿意做,但又不得不做,也可以尝试这个方法。既然客观上无法逃避,那就通过改变自己的认知来赋予其意义和价值感。可以把"ABCDE认知重塑法"换成一个更通俗的名称——"转念法",它的核心思想在于:<u>认知比事实更重要</u>。事情本身并不重要,重要的是如何看待它。困扰自己的往往不是事情本身,而是自己看待事情的方式。同一件事情,不同的人看到的情况不一样,这就是前面提到过的"心智模

式"。换个角度去看待，获得新的信念，采取恰当的行动，结果就会产生积极的改变，从而减少困扰和情绪内耗，这就是心智模式升级所带来的作用。仅仅是一念之差，感受和行动就会有千差万别。

再回顾一下前面提到的"三个圆圈找真爱"法，通过"转念法"把原本不想做的事情变成了想做的事情，这样就扩大了最里面的那个圆圈，从而提升了幸福感。

除了这两个方法之外，针对缺乏动力这个原因，还有一些其他的对策：

授权委托——将一些工作任务授权给下属，或者把生活中的一些事情委托或者外包给他人，以避免拖延。

速战速决——高效地完成不喜欢的事情，然后尽可能多地把时间留给自己喜欢的事情。

"捆绑销售"——把不喜欢的事情和喜欢的事情搭配在一起做。例如不想洗衣服的时候，就可以边洗衣服边看电影；不喜欢跑步的话，就边跑步边听喜欢的音乐或者节目。当然，这样做的前提是，捆绑在一起的两件事当中，只能有一件是需要专注完成的任务，另一件不需要动脑思考。如果两件事都需要你高度专注地投入，那就不能这样捆绑。

寻找同盟——如果自身动力不足，那就借助外部的力量，参加社群或者团体，比如早起群、英语群等，跟着大家一起打卡、交作业，让群体的力量带动和督促自己行动。

公开承诺——把自己下一阶段重点要做的某个行动发布到朋友圈，相当于公开承诺，给自己带来外在的约束力。

以上就是应对"缺乏动力型"拖延行为的方法,下面是你的实操环节。

实操练习

请运用"三个圆圈找真爱"的方法挖掘内心最热爱、最渴望的事情:

我能做的:_____

_____

_____

我想做的:_____

_____

_____

我最想做的:_____

_____

_____

如果你面临一件不想做但又不得不做的事情,请运用"ABCDE认知疗法"改变自己的认知,找到做这件事的价值和意义。

A(发生的某件事情或情境)_____

_____

B(你对这件事情的看法、信念、态度)_____

_____

C(你的看法所引起的情绪及后果)_____

_____

D（重新看待你的看法、态度和信念中有哪些可以改变）_____

_____

_____

E（换个视角重新看待以后，产生哪些正面影响）_____

_____

练习时间：_____

三、降低难度，克服"信心不足型"拖延

这类被拖延的任务通常是规模较大、较为复杂且难度颇高的事情，而且相关经验也比较匮乏。这就导致了畏难情绪的产生，越是害怕困难就越拖延，越拖延就越焦虑，越焦虑又越害怕困难，如此便形成了恶性循环。另外，完美主义倾向也是原因之一。害怕失败，担心自己做得不够好，总是想着再做些准备，等有了充裕的时间再开始。

要战胜这种心理，有两种对策：一是将复杂任务简化降低难度；二是采用小步快跑的方式应对完美主义，降低要求，不管怎样，先行动起来，不必在意姿势是否优美，先完成再追求完美。与之对应的方法分别是"色拉米方法"和"瑞士奶酪法"。

"色拉米方法"是一种将大目标拆解为小目标的方法，在第三章已经详细阐述过，在此就不再赘述。

"瑞士奶酪法"是指充分利用零碎时间，而不是消极地等待整块时间的出现。这一方法是由美国时间管理专家阿兰·拉今在《如何掌控自己的时间和生活》一书中提出的。瑞士奶酪上有许多小孔，就如同时间的碎片。关于如何高效利用碎片时间的方法，将在后面的章节详细介绍。

这两种方法存在逻辑顺序，目标拆解是小步快跑的前提条件。只有将目标拆解得足够小，才能实现小步快跑。如果只是拆解目标而不付诸行动，那也是白费力气，只有将两者结合起来，才能在克服拖延、提高行动力方面取得成效。

对于因信心不足而导致的拖延行为，在将目标拆解得足够细小和具体之后，就要快速启动，利用每一个碎片时间小步快跑、推进进度。在这个过程中，还有两种关键的心态需要培养。

<u>一是认识到完成好过完美。</u>摒弃完美主义心态，降低期望值，不必追求一步到位。有一次我的一位学员没有按时上交作业，询问原因时，她说："一想到写作业还要用电脑打开，就觉得很麻烦，有畏难情绪，所以就不想写作业了。"这个时候就可以降低操作门槛，简化难度，比如随便拿张纸，把脑子里的想法写出来，先上交手写版作业，之后再在电脑上利用专业工具进行整理和优化，这样总比不交作业要好。

<u>二是及时肯定小进步。</u>重视碎片时间，快速启动，只要开始就是好事。一开始设定较短的时间期限，哪怕只有二十分钟或者三十分钟，先完成一个小任务。一有碎片时间就去做，哪怕只取得一点点进步也要及时奖励自己。

每完成一项就在进度表上及时打钩,这种很棒的"完成感"会让大脑产生愉悦感,激励自己去做更多的事情,从而形成良性循环。

以上就是应对"信心不足"型拖延行为的方法,下面是实际操作环节。

实操练习

如果你有一件因"信心不足"而导致拖延的任务,请运用"色拉米方法"把它拆解成一些细小的任务:

1. _____
2. _____
3. _____
4. _____
5. _____
6. _____

练习时间:_____

四、专注聚焦,拯救"分心干扰型"拖延

前文已经阐述了应对缺乏动力和信心不足这两种原因所导致的拖延行为,但是否只要选择了感兴趣的事情,并且充满信心,就不会拖延了呢?实际上,人们在做事时很容易受到干扰,无法静下心来,不能保持专注以达到预期的进度,从而导致任务被拖延完成,尤其在当前网络高度发达的

时代，这种因分心干扰而造成的拖延现象更为常见。

这种场景想必大家都很熟悉。例如，你打开电脑打算撰写一份工作报告，这时突然弹出一个窗口，是当前一个你正在关注的热点新闻，你毫不犹豫就点进去了，看完之后又跳转到另一个链接，接着又进入一个视频，然后又是一个……就这样一条接一条地刷下去，等回过神来，不知不觉一个小时就溜走了，可是一个字都没写，于是后悔不已。

又或者你明明已经计划好到某个时间点要开始做某件事，但就是情绪不好、不在状态；再或者你是一个很好学上进的人，给自己制定了很多目标，但是在做一件事的时候总是想着待办清单里还有很多其他事情，于是不能静下心来做眼前这件事。

以上这些情况，都属于分心干扰而引发的拖延行为。进一步深入挖掘，引起分心干扰的原因又有哪些呢？原因不同，应对的方法也有所区别。引起分心的原因分为内部和外部两种，即<u>内部干扰</u>和<u>外部干扰</u>。

内部干扰是指引起分心的原因来自自身，具体又可以细分为以下四个原因：

<u>首先，目标过多，分散有限的注意力资源。</u>有的人好学上进，有着强烈的自我成长意愿，制定了众多目标，每天的待办事项清单排得长长的。他们在完成甲事情的时候，忍不住想起乙事情还没做，转而去完成乙事情的时候丙事情又冒了出来，所以哪一件事都不能专注地投入，哪一件事又都不想放弃，结果所有事情都拖延着，进展缓慢，自己也焦虑不已。

其次，混乱无序。这里的混乱无序不仅指物理空间，还包括电脑、手机、网盘等的数字存储空间，以及情绪等内在精神空间。想象一下，你身处一个杂乱无章的空间里，到处堆满了杂物或者垃圾，办公桌上凌乱不堪，需要某件资料或物品时，总是要花费很多时间去寻找；又或者电脑硬盘或者手机里，各种文件夹、微信收藏夹、微信聊天记录等，里面的各种信息毫无秩序地堆叠在一起，除了占用空间之外，一想起来还会心烦，增加心理负担。

再次，专注力不足。每个人的专注力水平存在差异，专注力低的人更难以克制分心的冲动，持续专注的时间也更短。专注力是一个人的核心竞争力，专注力高的人能够持续专注的时间更长，他们的大脑更有耐力，从而能够产出更多、更高质量的成果；而专注力低的人，即使没有外界干扰，大脑也很容易变得不耐烦，不喜欢长时间处于深度专注的状态下，总是想着去寻求外界刺激和即时满足感。

最后，精力不足。当精力匮乏的时候，即便使用再好的方法，拥有再强的专注力，也很难专注做事，毕竟人不是机器。当自己生病或者熬夜之后、极度困乏疲惫的时候，脑子就好像转不动了，只想好好休息，没有精力完成事情。

外部干扰是指引起分心的原因来自外界。例如，当你正在专注撰写项目报告时，同事过来找你去参加一个临时会议，或者突然接到领导电话，找你沟通一件紧急的事情，这些都是外部干扰。

针对这些引起分心的不同干扰原因，有以下八个应对方法，其中有些方法比较简单，只需简要提及，有些方法则会详细阐述。你可以根据自己的实际情况进行选择。

总体来说，这些方法无非是源于两种应对策略：要么在客观上减少干扰源，要么在主观上增强自身的抗干扰能力。这就如同预防流感一样，少去人多的地方以减少病毒感染源的接触，多锻炼身体来增强自身免疫力。

方法1：精简目标，专门针对"目标过多"的情况

针对第一个原因"目标过多"的方法是"精简目标"，也就是做减法。前文提到的"4D任务管理法"用于厘清优先级，就是一种做减法的方法。本章节将进一步深入探讨如何做减法，在认知上需要做哪些准备，在行动上又该如何去做。

首先在认知上要树立"少就是多"的理念，这样才能将时间聚焦在最重要的少数几个目标上。我自己就经历了一个观念颠覆和转变的过程。在我过去的认知和价值观里，"每天做很多事情"是一个人很努力、积极向上的表现。而如果一个人只做很少的事情，对要做的事情挑三拣四，并且对别人的请求动不动就拒绝、推脱，我会觉得这样的人"消极、懒散、很难成功"。但是《精要主义》这本书让我意识到，不假思索的努力是一种"病"；什么都想做、觉得自己什么都能做的努力是一种"病"；什么都不想放弃、都不敢拒绝的努力也是一种"病"。这样的努力无非是用战术上的勤奋来掩盖战略上的懒惰。

巩固"少就是多"的认知，需要进行三种思维转换：第一是从"我必须做"转变为"我选择做"；第二是从"这些都重要"转变为"只有小部分事情重要";第三是从"我能兼顾"转变为"我不能做所有事"。

其次,在行动上要对目标和任务进行筛选,而不是只要是自己想做的或者别人请求的事情都来者不拒。筛选的标准是关键,需要设定属于自己的标准。确定筛选标准的背后是战略思维,其设定的依据就是本书第一章关于"规划"的内容,包括一个人的人生愿景、价值观、长远规划、人生目标等。

要用投资的眼光看待眼前的目标和事项,以"投入产出比"作为筛选和取舍的标准。"投入"就是这件事预估花费的时间,"产出"是指这件事带来的价值,包括三个方面:经济价值、发展价值和情绪价值。

<u>经济价值</u>指的是薪资、酬金等经济回报,例如讲课、开展咨询业务能够给我带来经济利益,这是我的重要目标;<u>发展价值</u>是指虽然没有短期的经济回报,但与未来的发展方向一致、对未来的职业发展影响显著、未来具有可观的发展前景,有助于积累能力、经验和人际关系,激发潜力,例如写书、举办公益沙龙讲座、在自媒体上发布文章或视频、参加行业交流会等有助于扩大知名度与影响力的目标。如果说这两类产出更关乎外在成就的话,那么<u>情绪价值</u>更关乎内在感受,虽然不会带来经济回报,也和未来的职业发展无关,但能够带来巨大的愉悦感和幸福感,这样的目标也很重要,通常和兴趣爱好有关。

我曾经接到过一些邀约,比如在某个社群里进行某个主题的公益分享,既没有酬劳,社群影响力也不够大,而为了这个分享我需要花费不少准备时间;或者被邀请一起合作某个项目,既没有确定的回报,也不太感兴趣,

但是在合作过程中我需要投入大量的时间和心力，这些就属于"投入产出比"很低的事项，不值得投入时间，应该毫不犹豫地删减掉。

时间的有效花费主要有三种途径：交易、投资和享受，以上三种产出正好对应着这三种花费途径，如图4.4所示。交易时间的产出是经济价值，是为了生存；投资时间的产出是发展价值，是为了生长；而享受时间的产出是情绪价值，是为了生活。生存、生长和生活是人一生必不可少的三个主题，在不同年龄阶段的重要性有所不同。职业生涯初期生存最重要，先解决基本的温饱问题。度过生存期后，生长就成了最重要的主题，快速提升自身能力、发展自己、积累经验，成为不可或缺的人才。到了职业生涯后期，财富达到一定积累并且已经具备相当的能力时，生活就成了重心。这三种途径以外的时间花费都属于浪费或者纯粹的消遣，比如只是为了打发时间而闲聊、观看电视剧等，也就是上文所提到的紧急重要四象限中"不重要不紧急"的那些事，不产出任何价值。对于高效能人生而言，三种花费都必不可少，并且要尽可能减少这三种途径以外的时间花费，把更多的时间用于美好和有价值的事情上。

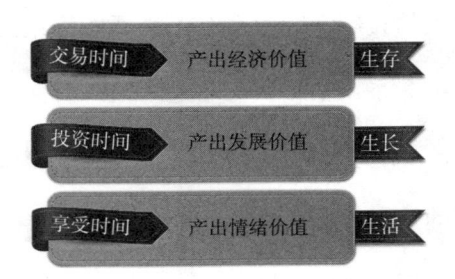

交易时间	产出经济价值	生存
投资时间	产出发展价值	生长
享受时间	产出情绪价值	生活

图4.4 三种时间花费及其产出价值

在建立筛选标准之后，面临的是取舍的问题。依据这一标准，要对目标和事项进行挑选或者摒弃。而摒弃又可细分为拒绝与放弃这两种行为，拒绝是对他人说"不"，而放弃则是对自己说"不"。有时候，"不做"相较于"做"更为关键，这需要更多的勇气与智慧。相较于立即付诸行动的能力，选择能力、决断能力以及放弃能力更为重要。

当他人提出请求时，基于善的本能，往往想要给予帮助；又因"怕伤面子"的心理，会难以说出拒绝的话；或者担心被对方厌恶，而不敢拒绝。然而，若要妥善管理自己的时间，就必须有一定的自我意识——以自我为出发点，毕竟一天仅有二十四小时。如果对别人所有的请求都予以满足，最终只会让自己受到委屈并作出牺牲。但这里的"自我"并非自私，不是说要拒绝所有的请求，而是要量力而为，明确自身的界限。对于那些超出自己能力、没有充足时间完成、内心抵触或者违背自身价值观的事情，必须清楚且明确地告知对方。

拒绝他人时，首先要从内心接受"可能不被他人喜欢"这一事实。事实上，被人尊重比被人喜欢更为重要。拒绝时应有的态度是坚定且礼貌的。态度含糊会引发他人的误解，导致后续不必要的沟通成本增加；而态度粗暴冷漠则会损害人际关系。根据我的个人经验，有原则且礼貌的拒绝不但不会破坏人际关系，反而会赢得他人更多的尊重。真正能让他人尊重的，是将时间投到自己的重要目标上，从而让自己变得更强大，而不是迎合和满足他人的要求。与其将时间耗费在满足他人上，不如用于提升自己。《精要主义》一书中说："'说不'本身就是一种领导能力，而非仅仅是外在技能。并且需要经常练习，熟能生巧。"要是你不敢拒绝他人或者很少拒绝他人，可以尝试先拒绝一次。拒绝的次数多了就会习惯，而且你会发觉节省了许多时间用在自己的重要目标上，这种掌控感会让你沉醉其中，进而能够更加坦然地说出"不"字。

实际上，相较于对他人说"不"，我发现有时对自己说"不"更为困难，因为这需要克服内心的贪欲。这时需要训练自己"放下"的能力，克服那种"既要、又要、还要"的心态，养成"只要"的心态，接受并不那么成功、并不那么完美的自己。毕竟，有舍才有得。

在刻意训练自己学会舍弃的过程中，我采用了"跟踪记录法"，也就是记录"拒绝/放弃日记"。每次拒绝他人或者放弃自己的某个想法之后，我都会把事件、拒绝或放弃的理由以及内心的感受记录下来。经过一段时间回顾复盘这些决定和取舍时，能够更加清晰地认识到自己的决策机制。通过建立筛选标准并进行取舍，减少了目标的数量，能够将时间投入重要的目标与任务上，从而减少许多不必要的干扰。归根结底，时间管理是一门关于取舍的艺术。

将"少就是多"的理念运用到个人管理方面，会发现，目标减少了，投入到每个重要目标上的时间和精力就会增多，从而能够产出更多的重要成果；选择变少了，内心就会更加从容和平静；信息减少了，用于处理重要信息的时间就会增多，从而能让信息产生更多价值；欲望减少了，约束也就减少了，自由也就更多了。

这样的例子还有很多很多，接下去由你来续写：

_____少了，_____多了；

_____少了，_____多了；

_____少了，_____多了；

_____少了，_____多了；

_____少了，_____多了；

_____少了，_____多了。

方法2：定期整理，应对"混乱无序"

针对"混乱无序"这一状况的方法是定期整理。整理包含分类、归档、丢弃、贴标签等具体操作，其对象涵盖物品、电脑和手机中的存储数据等，也可以定期整理自己的情绪。

这里先阐述一个概念——精神熵，它出自《心流》这本书，指的是精神层面的混乱程度。这一概念是从物理学中的"熵"延伸而来的，是用于衡量混乱程度的单位。熵值越高意味着越混乱，当心烦意乱时就表明熵值过高了。无论是物理环境、电脑、手机的空间，还是情绪、心境等方面，一旦混乱无序就会导致精神熵升高，所以都需要经常整理收拾，使熵值回归正常水平。如今断舍离之所以流行，是因为现代社会物资充裕、信息泛滥、选择过多，精神熵很容易变高，而断舍离能够有效地降低熵值。断舍离其目的在于通过整理物品来整理内心，进而让生活更加舒适自在。这一理念包含"断""舍""离"三个核心概念，通过"断"——阻止不必要的物品进入生活，以及"舍"——舍弃已存在但不再需要的物品，从而达到"离"的状态——摆脱对物质的过度依赖。

在物品整理方面，大多数人无须极端地进行断舍离，直至家中几乎一无所有。通过减少购买、定期丢弃和合理收纳，就能够实现简洁有序的状态。

对于情绪整理，可以借助每天写日记、读书、写作等方式来降低精神熵，恢复内心的平静。

至于信息整理，在当今互联网信息化时代，这是一项浩大的工程，需要一整套系统的方法并且要持之以恒地付诸行动，具体步骤将在第四章第三节详细论述。

方法3：专注力训练，克服"专注力不足"

信息过多、干扰频繁，这是现代社会人们"专注力不足"这一普遍问题的成因。提升专注力可以从内着手，也可以从外着手。从外着手可以借助一些外部工具，从内着手则是从根本上训练自己的专注能力。专注力并非与生俱来，而是通过训练才能获取的能力。专注力训练的方法将在下一节中详细展开。从外部提升专注力，可以借助以下工具辅助训练。

比如，可以利用"番茄钟"集中精力二十五分钟。不少人都有过这样的体验：正在全神贯注地进行一项重要工作，比如写文章、编写代码或者设计作品时，突然接到一个电话，思路被打断。即便通话只有一分钟，挂断电话后再回到之前的工作，也需要好几分钟甚至更长时间才能重新接上思路，恢复专注状态。大脑每切换一次任务都会产生一定的时间成本。那么人脑的最佳工作节奏是怎样的呢？弗朗西斯科发明了"番茄工作法"，使用"番茄定时器"计时，督促自己集中精力工作二十五分钟，然后休息五分钟，这被称为一个"番茄钟"。通常的建议是，在完成四个"番茄钟"之后，进行一次较长时间的休息，十五分钟到三十分钟。这种方法适合刚开始训练专注力且一次专注时间较短的人，"番茄钟"能够很好地迫使自己避免被打扰。经过一段时间的训练后，如果能够轻松地一次专注二十五分钟以上，就不必再强迫自己中断，可以增加专注的时间，即一次专注五十分钟后休息十分钟。通过记录每天完成的"番茄钟"的数量，就能够掌握自己的专注力情况。

方法 4："停车场"——安置分心念头

在专注做事之前，先准备一张白纸或者一个本子放在旁边，在上面写上"停车场"三个字。当专心做事时如果脑海中浮现出其他念头，比如突然想起有个消息未回、网上购物还未下单、需要准备明天的工作等，不要马上放下手头的工作去处理，而是把这个念头写在"停车场"这张纸或者本子上。这就像暂时把车停放在这里一样，等忙完正在专注的事情后，再回来处理这些问题。这样就能把分心的想法从脑海中清除出去，继续专注于当前事务。

方法 5：精力管理，解决精力不足的问题

精力管理是时间管理的基础，也是专注力的基础，无论是生理层面还是心理层面都是如此。

汤姆·拉思在十几岁时患癌症并失去了左眼，却取得了非凡的成就，实现了人生价值。他担任盖洛普咨询公司的高管和合伙人，领导了一系列研发项目，包括评估工具、专著和其他专业研究，并且出版了多本影响深远的畅销书，其中就包括著名的《盖洛普优势识别器2.0》。《你充满电了吗》这本书从作者自身的励志经历以及他人的案例中，总结出了让人在工作和生活中精力充沛的三个关键要素：意义、互动和能量。为了便于理解，可以将其称为精力管理的三要素：价值感、人际关系和身体状态。

京东集团原副总裁蔡磊的经历更励志。他不幸身患渐冻症，却没有被病魔打倒，反而将更多的精力投入到渐冻症的研究中，希望通过自己的努力为医学界作出贡献，同时也为患有这种疾病的患者带去希望。蔡磊的这种行动力和坚持不懈的精神正是价值感赋予他的力量。即便身体状况不断恶化，他也没有放弃对生活的热爱和追求。他通过写作、演讲和参与科研项目等方式，积极向社会传达渐冻症患者的心声和需求，提高了公众对这一疾病的关注度。这些行为不仅有助于社会更好地理解和支持渐冻症患者，也让蔡磊感受到了自己的存在价值和意义。

哈佛大学有一项著名的"格兰特研究"，得出了一个看似简单的结论：良好的人际关系能让人更加健康和快乐。阿德勒心理学有一个重要观点：一切烦恼都来自人际关系。良好和谐的人际关系能够让自己减少精神内耗和心理负担，从而将更多精力投入真正重要的事情上，提高工作成效和生产力。

健康良好的身体状态离不开合理的饮食、高效的睡眠和健身运动，同时也得益于价值感和良好的人际关系。此外，还要遵循自己的生物钟，有些人属于"大公鸡型"的早起者，在清晨大脑的工作效率最高；而有些人则是"猫头鹰型"的晚睡者，只有在深夜才能高效专注。

以上这些是应对内部干扰的方法，下面这三个是应对外部干扰的方法。

方法6：礼貌拒绝，并说明理由

如果在专注做事时突然接到外界请求，可以拒绝，最好能给出一个合理的理由，这样能让对方更好地接受，同时要注意态度和沟通方式，委婉礼貌地拒绝。例如，有一次我正在专注撰写一个项目报告，突然有同事来找我去参加一个临时会议。我询问清楚会议主题后，确定自己不是关键参会者，不去也不会对会议造成太大影响，并且当天是手头的项目报告的截止日期，于是我就把这些理由礼貌地向他说明，拒绝了他的请求，对方也表示理解和接受。

方法7：延迟处理并信守承诺

可以告知对方自己正在忙碌，与他协商另一个时间来处理这件事，然后把这件事记录到"停车场"里。重要的是一定要信守承诺，答应的事情一定要按时帮对方完成。

方法8：中断手头事情，记录当前思路

如果有些请求既不能拒绝也不能协商，必须马上处理，比如，领导突然召开紧急且重要的会议。有一次我正在专注做事时，突然警报铃声大作，原来是园区进行消防演习，这种情况下只能立即中断手头的工作。但如果起身就走，回来时思路肯定会断，重新接上思路、恢复专注状态又要花费一些时间。为了避免这种时间浪费，在离开之前我花几秒钟快速把当前事

情的思路和进度写在便签条上，回来处理时就能很快接上思路，缩短切换时间。

实操练习

如果你有因"分心干扰"而导致拖延的情况存在，请思考你会用以上哪些方法来应对，并且写下来具体打算怎么做：

采用的方法一：_____

行动计划：

1. _____
2. _____
3. _____
4. _____

采用的方法二：_____

行动计划：

1. _____
2. _____
3. _____
4. _____

练习时间：_____

五、及时反馈，应对"目标遥远型"拖延

那些容易被拖延的事情有什么共同点呢？它们通常目标遥远，需要长期的投入，且效果显现缓慢，因此很难坚持。人们一次又一次地立下目标，却一次又一次地放弃。这不禁让人想起那个笑话：2024年我要努力实现2023年许下的2022年还没来得及实现的2021年的美好愿望。

你可能会问，这些事情明明是自己真心喜欢的"真爱"，为什么行动却总是跟不上，无法坚持到底呢？可以想象一下，如果你的真爱在千里之外，而且为了见到这个人，你不能乘坐任何交通工具，只能一步步走着去。在这段漫长的旅程中，你的动力很快就会被消磨殆尽。要坚持到底，需要很大的意志力。更何况路上可能还有其他诱惑。所以，放弃也就不奇怪了。

也就是说，热爱只能让自己开始行动，但不能保证自己坚持到终点。当目标太遥远时，行为会有一个热情递减的效应。一开始可能充满动力，但很容易三分钟热度。再加上路上有很多诱惑，比如健身减肥路上的美食、学习路上的游戏、追剧等短期满足。因此，半途而废的情况在生活中频繁上演也就不奇怪了。

针对这种拖延，有两个对策：借助外力和养成习惯。

可以根据实际情况，选择借助外部力量。如果自己难以长期坚持，可以加入有共同目标的群体。互联网让自己可以轻松找到志同道合的圈子。利用各种互联网平台社群，如早起打卡群、阅读打卡群、学英语群、运动

瘦身群等，借助外在的约束和监督，更容易在漫长的道路上坚持下去。虽然这个方法很简单，关键是要找到适合自己的群体。然而，借助外力并不能从根本上提高自身的行动力。因此，我更推荐养成良好习惯的方法。

要想日复一日地坚持下去，只能依靠正确的方法和稳定的习惯。对于目标遥远导致的拖延，动力是基础，习惯才是保障。

先了解一下习惯的定义。杜克大学的一项研究显示，人每天的行为中约有45%源于习惯。这说明了习惯在日常行为中的重要性。然而，好习惯的养成并不容易，很多人都深受其苦。我认为，这主要是因为没有遵循规律、找对方法。

1. 习惯养成四大定律

詹姆斯·克利尔曾在高二时意外受伤，经过抢救和康复后，他考入大学。在大学期间，他养成了良好的习惯，如睡眠、学习和健身习惯。这些习惯帮助他克服了挑战，取得了显著的成就。詹姆斯认为，只要愿意坚持下去，起初看似微小和不起眼的变化，会随着时间的推移而积累成显著的结果。他通过广泛深入的研究，写了《掌控习惯》一书，揭示了<u>习惯养成的四大定律</u>。

习惯的养成过程并不痛苦，而且一旦养成就非常牢固稳定，这可以称为"好习惯的无痛养成法"；反过来，这也适用于"坏习惯的无痛戒除法"。下面是这四个定律：

<u>定律一：让好习惯的提示显而易见，让坏习惯的提示离开视线。</u>为了养成读书习惯，我随身携带书籍。为了戒掉购物习惯，我卸载了手机上的

所有购物软件。这样，我的信用卡账单首次实现了零欠款。

定律二：让好习惯充满吸引力，让坏习惯失去吸引力。我利用"捆绑销售法"，边徒步边听音乐或节目，逐渐爱上了徒步。如果想戒烟，可以罗列吸烟的坏处并贴在墙上，让吸烟失去吸引力。

定律三：让好习惯简便易行，让坏习惯增加难度。对我而言，在自家客厅健身比去健身房更容易养成习惯。我在客厅放瑜伽垫，每天练十分钟，养成了瑜伽习惯。而去健身房的执行难度较大，这也是很多人办了健身卡却没能养成习惯的原因。

定律四：让好习惯令人愉悦，让坏习惯令人厌恶。要养成早起习惯，起床后要做让自己愉悦的事。我喜欢阅读，早起后享受阅读的美好时光，因此阅读习惯带动了早起习惯。对于戒除坏习惯，可以故意增加其难度或让人产生厌恶感。

这四个定律分别对应习惯心理机制的四个步骤：提示、渴求、反应和奖励。通过反复建立并强化大脑中的特定神经回路，可以养成良好的习惯。这些习惯会像长在身上一样，伴随一生。

如果在应用了上述四个定律之后，仍然感觉有困难，那就着重在定律三继续努力，进一步简化行动步骤，最大程度降低行动的难度，也就是对习惯进行精简优化。将习惯设计成"轻量级"的形式，如此一来，养成的难度自然就会大幅降低。

2. 微习惯的养成

美国人斯蒂芬·盖斯自称是个"天生懒虫"。他从自己多次的失败经历里总结出了一个道理，进而写成了一本书，名为《微习惯》。

所谓"微习惯"，就是非常微小的积极行为，是经过精简之后的"迷你版"习惯，其特点是足够简单、方便执行。到底有多简单呢？就像这本书的副标题所说的那样——"简单到不可能失败"，可能自己打算养成这个习惯所花费的时间只有几分钟。

比如说，想要每天背诵二十个单词，那么微习惯就可以设定为一天背诵一个单词；如果想每天跑五公里，微习惯就是一天跑一百米；计划一个月读完一本书，微习惯就是每天读两页书；期望每天写作两千字，微习惯就是一天写一百字；想每天练习一小时瑜伽，微习惯则是每天练习两分钟。

微习惯之所以能够发挥作用，其原理在于这种做法仅需非常少的意志力，甚至不需要动用意志力就能开始行动，而且每天都能轻松坚持下去，毕竟实在是太过简单了。这样做是顺应人性的，因为人类天生就有遵循最省力法则的特性。养成微习惯一共有以下五个步骤：

第一步：选定要培养的微习惯行为。

也就是挑选那些想要每天重复做的例行之事。由于人的精力有限，在一段时间内最好不要同时培养超过四个微习惯。例如，我选定了这样三个微习惯：每天用梳子梳头十下、每天写五个钢笔字、每天阅读英语原版书三分钟。

第二步：融入每日行程。

如果条件允许的话，最好选定固定的时间段，比如早上起床后练习瑜伽，晚上睡觉前和孩子一起读书等。因为形成固定的惯例能够减少因做决策而产生的不必要的意志力消耗。一个任务需要作决策的地方越多，拖延的可能性就越大。当然，如果无法做到固定时间也没关系，只要在一天之内能够完成就行。对于前面提到的三个微习惯，我的固定行程安排是这样的：梳头在每天洗脸之后进行；写钢笔字在午餐后、开始下午工作之前进行；阅读英语原版书在临睡前进行。

<u>第三步：从小量起步，超额完成。</u>

这是微习惯发挥作用的关键步骤，也是微习惯的神奇之处。只要尝试过就会发现，一旦开始做了，往往不会仅仅达到目标就停止，而是会由于惯性继续做下去。比如背了一个单词之后可能接着又背了好几个，跑了一百米之后又继续往前跑了好几百米。

因为对于一个行为而言，最困难的就是开始去做，一旦开始了，动力就会随之而来。这些事情本来就是内心感兴趣、想要去做的。不过，在超额完成多少这方面不要给自己设定要求，只要达到目标就要肯定自己。每天都重复这样的过程，你就会对自己越来越有信心。所以，这个步骤就像是在和大脑玩一个小把戏，先骗大脑开始行动，然后习惯就逐渐养成了。

<u>第四步：每日跟踪，及时反馈。</u>

为了让这个方法更具操作性，可以使用"每日例行事项打卡表"，见表4.1，来跟踪每天的完成情况，从而给自己提供及时的反馈。

表 4.1　每日例行事项打卡表

姓名：

时间周期：2024 年 10—12 月

10月	1	2	3	4	5	6	7	8	9	10	11	12	13	14	15	16	17	18	19	20	21	22	23	24	25	26	27	28	29	30	31	汇总
每天梳头十下	√	√	√	√	√	√	√	√	√	√	√	√	√	√	√	√	√	√	√	√	√	√	√	√	√	√	√	√	√	√	√	31
每天写五个钢笔字	√	√	√	√	√	√	√	√	√	√		√	√	√	√	√		√	√	√	√	√	√	√	√	√	√	√	√	√	√	29
每天读英语原版书三分钟		√	√	√	√	√	√	√	√	√	√	√	√	√			√	√	√	√	√	√		√	√	√	√	√	√	√	√	27

11月	1	2	3	4	5	6	7	8	9	10	11	12	13	14	15	16	17	18	19	20	21	22	23	24	25	26	27	28	29	30	汇总
每天梳头十下	√	√	√	√	√	√	√	√	√	√	√	√	√	√	√	√	√	√	√	√	√	√	√	√	√	√	√	√	√	√	30
每天写五个钢笔字	√	√	√	√	√	√	√	√	√	√	√	√		√	√	√	√	√		√	√	√	√	√	√	√	√	√	√	√	28
每天读英语原版书三分钟	√	√		√	√	√	√	√	√		√	√	√	√	√	√		√	√	√	√		√	√	√	√	√	√	√	√	27

12月	1	2	3	4	5	6	7	8	9	10	11	12	13	14	15	16	17	18	19	20	21	22	23	24	25	26	27	28	29	30	31	汇总
每天梳头十下	√	√	√	√	√	√	√	√	√	√	√	√	√	√	√	√	√	√	√	√	√	√	√	√	√	√	√	√	√	√	√	31
每天写五个钢笔字	√	√		√	√	√	√	√	√		√	√	√	√	√	√	√	√	√	√	√	√	√	√	√	√	√	√	√	√	√	29
每天读英语原版书三分钟	√	√	√	√	√		√	√	√	√	√		√	√	√	√	√	√		√	√	√	√	√	√	√	√	√	√	√	√	28

以我要养成的三个微习惯为例，按照以下四个步骤使用这个表格：

第一步：填写个人信息与打卡周期。例如，我使用这张表打卡的周期是2024年10月至12月这三个月。

第二步：在最左边一栏填写要培养的微习惯行为，如"每天梳头十下""每天写五个钢笔字""每天读英语原版书三分钟"。

第三步：将表格打印出来，每天完成相应的事项后，在对应的格子里打钩。

第四步：月底时进行汇总，将这个月完成的天数填写在"汇总"一栏。如果偶尔因为忘记或偷懒没有完成，也不要过分自责，接受自己，尽力去做就好。

这个表格能直观地感受到坚持的过程，满满的钩就是及时的正向反馈。当然，还可以建立奖励机制，比如达到一定数量的钩后给自己一个奖励，以增强坚持的动力。

完成这个表格后，继续打印下一个周期的表格，继续打卡，直到养成下意识的习惯，不需要刻意提醒，也不用费力坚持。

第五步：留意习惯养成的信号。

相对于习惯形成的天数，更重要的是留意习惯养成的信号。例如，不再有抵触情绪，做起来毫不费力，甚至不做更难受，也不再需要每次决定做与不做，而是下意识就会开始行动。对于因目标遥远而容易拖延的任务，涉及一个重要概念——"习得性勤奋"。在实现目标的漫长过程中，不要总是关注结果，而要专注于事情本身，强调努力和付出的过程，而非结果带来的回报和快乐。

例如，有些急于减肥的人，每天称重却看不到体重减轻，感到很挫败，影响了坚持下去的信心和动力。我自己有过一次成功的瘦身经历，用了三个月时间减掉了四公斤，方法是每天健身加轻断食。每天到固定时间就开始健身，形成习惯。我没有给自己设定明确的减重目标，也不称重，只是享受过程，反而更容易看到效果。

实操练习

利用表4.2每日例行事项打卡表模板，按照以上的五个步骤，去培养你期望养成的一些微习惯吧。

表4.2 每日例行事项打卡表模板

姓名：
时间周期：

月	1	2	3	4	5	6	7	8	9	10	11	12	13	14	15	16	17	18	19	20	21	22	23	24	25	26	27	28	29	30	31	汇总

续表

月	1	2	3	4	5	6	7	8	9	10	11	12	13	14	15	16	17	18	19	20	21	22	23	24	25	26	27	28	29	30	汇总

月	1	2	3	4	5	6	7	8	9	10	11	12	13	14	15	16	17	18	19	20	21	22	23	24	25	26	27	28	29	30	31	汇总

练习时间：_____

第二节　提高专注力，方能取得成果

一、一个公式，洞悉职场"摸鱼"本质

《深度工作》中的这段话"随时随地收发电子邮件，接连参加各种大小会议，在即时通信软件的提醒声中忙得焦头烂额，在繁杂的多任务工作中不断转移注意力……你看似忙碌不停，甚至不自觉地沉醉于这种忙碌，可你的忙碌真的能转化为工作成果吗？"恰似在描述这个快节奏且信息泛滥的移动互联网时代，很多人的共同问题。

我以前每天都要处理各种各样琐碎繁杂的事务，时间和注意力被分割得七零八落。当时的我，完全没有察觉到长此以往会有什么坏处，反而为自己的效率和处理事务的能力感到得意。

直到后来，我发现自己在长时间专注做一件事上变得很困难，注意力总是不由自主地寻找新的事物，试图获取迅速完成任务带来的即时满足感。后来在《深度工作》一书中读到这样一句话："长时间处于极度浮浅的工作状态下，会永久性地降低自己深度工作的能力。"我才终于知晓了专注力下降的原因。

1. 深度工作

卡尔·纽波特既是"深度工作"概念的提出者和倡导者，也是实践者

和受益者。他是美国麻省理工学院的计算机博士、大学的计算机教授。毕业十年内，他出版了四本书籍，发表了多篇高质量的论文，并且取得了一个博士学位，还被大学聘为终身教授。他虽然取得了这些成就，但还能做到每天五点半下班陪伴家人。

这一切都得益于深度工作，因为专注力是做好一切事情的根基。

先思考以下几个问题：

（1）人工智能时代，哪些工作更容易被机器人取代？

（2）有些人工作时间不长，可收入却比那些工作时间长的多很多倍，这是为什么呢？

（3）那些在职场中敷衍了事、不认真投入就能完成的任务，和那些必须全身心投入才能做好的工作，它们之间的本质差异是什么呢？

理解深度工作和浅度工作这两个相对的概念，有助于回答上述问题。深度工作是指在不受干扰的状态下专注完成那些需要深度思考的任务，能够激发个体的思考力和创造力，创造出较大价值，有助于提升技能，并且很难被模仿。例如制定战略规划、研发新产品、开发课程、创造艺术品等工作。进行深度工作的前提是拥有极强的专注力。而浅度工作通常是一些不需要花费太多心思的事务性、操作性、重复性任务，即使受到干扰也能开展，不需要太多的思考力和创造力，可替代性高。比如粘贴发票、预订机票酒店、填写表格等。这两种工作的区别就在于需要的专注程度不同。

这样就可以回答上面的问题：

（1）浅度工作更容易被人工智能替代，而深度工作更难被替代。例如在银行办理业务，很多重复性的操作已由机器代替，但像投资判断和理财产品推荐这类工作，往往需要依靠经验并与客户沟通，很难被机器取代。

（2）工作报酬高是因为创造的价值大，即深度工作占比更大，他们的工作涉及战略、决策、分析判断等认知要求更高的任务。

（3）本质差异在于那些在职场中不认真投入就能完成、不需要专注的工作属于浅度工作，而必须全身心投入才能做好的工作属于深度工作。比如，粘贴发票时边聊天边做可能也没问题，但撰写一份项目方案策划书就必须不受打扰才能完成。

2. 专注力的作用

在对这两个概念进行对比后，可以进行专注力的自我反思练习，对自己当前工作或生活中的各项任务进行分类，明确哪些属于深度工作，哪些属于浅度工作。分类之后，就能了解自己每天的专注状态，清楚处于专注和非专注状态的时间各自占比多少。进而思考应该如何加大深度工作的比重，从而提升自己的能力，并且在职场中增强自身的不可替代性。

关于专注力对工作质量的影响，有一个公式：<u>工作产出质量 = 工作时间×专注力</u>。当专注力极低甚至为零时，无论投入的工作时间多长，工作产出的数量和质量都会很低，这就是职场中"摸鱼"行为的本质。所以，得好好问问自己，很多时候的付出和忙碌是不是只是一种"假努力"或者"伪勤奋"呢？

因此，如果想要在工作中获得成就、创造重要的成果、达到某个领域的精英水平，那么就必须具备深度工作的能力。反之，如果不具备深度工作能力，就很难取得成就，成为行业高手。

如果你也希望像他们一样在某个领域有所建树，掌握一项高超的技能，成为该领域的专业精英，或者拥有独一无二、难以被他人替代的价值，那么深度工作就是一项不可或缺的关键能力。当然，也不是要完全避免浅度工作，在日常工作中，浅度工作必然会占据一定的比例，也有其自身的价值。值得反思的是，自己是不是每天在浅度工作上花费了过多的时间，而忽略了深度工作呢？所以需要根据自己实际的工作性质来把握好深度工作和浅度工作之间的平衡关系。

实操练习

请列出你当前工作和生活中，有哪些事项属于"深度工作"，哪些属于"浅度工作"，它们大约各占多少百分比？可以怎么做来加大深度工作的比例？

深度工作：＿＿＿＿＿＿＿＿＿＿＿＿＿＿＿＿＿＿＿＿＿＿＿＿＿
＿＿＿＿＿＿＿＿＿＿＿＿＿＿＿＿＿＿＿＿＿＿＿＿＿＿＿＿＿＿＿
＿＿＿＿＿＿＿＿＿＿＿＿＿＿＿＿＿＿＿＿＿＿＿＿＿＿＿＿＿＿＿
＿＿＿＿＿＿＿＿＿＿＿＿＿＿＿＿＿＿＿＿＿＿＿＿＿＿＿＿＿＿＿
＿＿＿＿＿＿＿＿＿＿＿＿＿＿＿＿＿＿＿＿＿＿＿＿＿＿＿＿＿＿＿
＿＿＿＿＿＿＿＿＿＿＿＿＿＿＿＿＿＿＿＿＿＿＿＿＿＿＿＿＿＿＿
＿＿＿＿＿＿＿＿＿＿＿＿＿＿＿＿＿＿＿＿＿＿＿＿＿＿＿＿＿＿＿

所占百分比：_____

浅度工作：_____

_____

_____

_____

_____

_____

_____

所占百分比：_____

可以怎么做来加大深度工作的比例：_____

_____

_____

_____

_____

_____

_____

_____

练习时间：_____

二、三种方法，铸就非凡专注力

以下三种方法能极为有效地培养深度工作能力，铸就非凡的专注力：

方法一：节奏型深度工作模式

每天务必确保有一段不受干扰的深度工作时间。依据自身的工作、生活作息以及实际状况，探寻适合自己的且相对固定的节奏。这样做的好处多多：不但极大地提高了专注力，增加了高质量的产出，而且还增强了幸福感和愉悦感。

在深度工作时段内，要牢记三个关键要点：

<u>其一，切断诱惑</u>。务必要切断网络以及排除其他可能导致分心的因素。千万不要高估自己抵制诱惑的能力，别把手机放在旁边。断网，实际上断绝的是自己分心的念头。

<u>其二，处理要事</u>。这段时间要用来做认知难度较高且重要的事情。如果设定了一段无人打扰的专注时间，却用来集中处理一些无关紧要的小事，那可就无法起到锻炼专注力的作用了。

<u>其三，明确目标和结果</u>。在这个时间段要达成何种目标、产出什么样的结果，在开始深度工作之前就要非常明确。带着目标去做事，专注度会进一步提高。

请谨记，不管多么想做其他事，都不允许自己打开网络。抵抗冲动的次数越多，抵抗能力就越强。体力需要通过每天健身来锻炼，专注力同样也需要训练，这就如同专注力的大脑训练操。通过这样的训练，专注力得

到提升后，就能随时构建起一座不受外界干扰的精神堡垒，从而抵御外界的喧嚣与繁杂。

那么一次专注多长时间比较合适呢？可以根据自己的情况循序渐进地练习。有心理学家经过研究发现，一般来说，新手每天最长的连续专注时间一个小时左右，就算是经过训练的熟练深度工作者，一天连续专注力的上限通常也不会超过四个小时。

刚开始这样训练的时候，可能会不太适应，心里会担心"断网、不及时查看消息，会不会错过重要的信息或者对自己有用的知识点"。这种恐惧的背后其实是焦虑。我曾经也有过这样的感受，但最后发现：让自己错失成功机会的，并非少看微信消息、退群而遗漏的信息或者知识，恰恰是因为过度浏览这些消息，从而丧失了深度工作的时间和能力，这才是导致自己错失成长良机的真正原因。

方法二：记者型深度工作模式

就像记者常常需要外出采访、随时撰写和修改稿件一样，要善于利用碎片时间随时随地进入深度工作状态。要想训练记者型深度工作的能力，秘诀也很简单，那就是随身携带书、纸、笔。这三样简单的工具对培养专注力非常有帮助。一旦有碎片时间，不要拿出手机，而是拿出这三样东西。哪怕不是读书，也可以边思考边在纸上写点什么，例如未来的规划、工作思路、正在进行的项目进展情况、近期复盘、当天回顾等，总之是要主动选择对自己重要且有价值的事情，而不是被动地被手机所掌控。养成记者型深度工作的习惯，不但能够提升专注力，还能极大地提高碎片时间的利用率。关于碎片时间的管理，在本章的下一节将会详细阐述。

如果反过来，一有碎片时间就本能地拿出手机打发时间，会有什么危害呢？研究表明，一旦大脑习惯了随时分心，那么即使在想要专注的时候，也很难摆脱这种习惯。深度工作的主要障碍在于将注意力转移到某种浅层次事物上的冲动。比如你正在做一件棘手的任务，或者复习备考，又或者撰写复杂的毕业论文时，却总是想看短视频、看娱乐新闻或者购物等。这是因为大脑的天性就是趋向轻松、避开困难。而深度工作是违背这种天性的，所以刚开始训练时会让人感觉不舒服、有难度，多加练习便会带来"心流"的愉悦感。不管采用何种方法进行专注力训练，其要点都是：训练大脑，使其更容易抵制这种冲动，就像健身锻炼肌肉一样，让大脑做集中注意力的训练操。经常这样做，有助于让大脑更适合长时间专注。

方法三：静心，放松

深度工作时不必过度苛求自己一直保持高度专注的紧张状态，实际上这也是做不到的。根据"注意力复原理论"，专注力是有限的，深度工作会消耗大量能量，而享受一段安逸放松的时光能够恢复注意力，并且提升洞察力。不要小看安逸放松时间的作用，依据"无意识思维理论"，人的思维分为有意识思维和无意识思维。无意识思维是指，即使什么都不想的时候，大脑其实仍在运转。有时候深入思考一个问题很长时间后，即使停下来，在走路休息的时候，也可能会突然灵光乍现，从而产生更好的解决方案。

人有两种思考模式，专注模式和发散模式。发散模式能够让思考更有深度和创造力。在进入专注模式产生初步思路之后，发散模式才会让灵感源源不断地涌现。所以，要学会接纳"无聊"，享受没有外界刺激和干扰的宁静时光。与外界过多联系，实际上是阻碍了与自己内在的联系。暂时放下一切，只和自己在一起，反而是激活了本自具足的内在资源。

专注力就像一条护城河，守护着心灵城堡，让自己在这纷扰喧嚣的现实生活里，能够更有定力、更加稳固地抵御外界干扰，在城堡里专注于自己的重要目标，创造出更多的成果。

实操练习

以上三个提升专注力的方法，你对哪个最有兴趣尝试？你打算如何做呢？

_____

_____

_____

_____

_____

_____

_____

练习时间：_____

第三节　善用碎片时间，挖掘巨大宝藏

在当今这个快节奏的时代，每天都会不可避免地产生一些碎片时间。这些碎片时间可是训练专注力的绝佳时机，其中还潜藏着巨大的宝藏，关键在于能否被挖掘和利用。只要日积月累地加以挖掘和利用，人们就能从日常那些看似不起眼的碎片时间里创造出巨大的价值，从而极大地提高个人效能。

一、时间碎片化，目标与结果体系化

首先思考一个问题：怎样判断碎片时间是否得到了高效利用呢？

提到碎片时间，人们脑海中可能会浮现出这样的场景：在地铁里、公交车上、高铁上或者候车候机厅里，大多数人都在低头看手机。可以把这些看手机的人分为三类：第一类人玩手机是为了打发时间；第二类人是出于工作需要，用手机处理工作事务，或者是自媒体工作者，他们从别人的作品里找灵感，构思自己的下一个作品；第三类人是出于学习目的，他们会争分夺秒地利用碎片时间，听书或者听课来给自己充电。

那么，这三类人中哪一类是高效利用碎片时间的呢？很明显，第一类人不是。第三类人看起来像是高效利用了碎片时间，但如果他们不清楚自己学习的目标是什么，学的内容也很零碎，并且学完后没有任何成果产出，有时候甚至会越学越焦虑，这难道不也是一种时间浪费吗？这种情况下还不如什么都不做，放空大脑好好休息。而第二类人有明确的目的，就是为了推动和完成工作并产出成果，所以他们的碎片时间没有被白白浪费。

由此可见，判断碎片时间是否高效利用的标准并不在于行为本身，毕竟大家的行为都是看手机。而在于行为背后的两个关键因素：<u>第一，是否有一个能够统领全局的大目标</u>，就像一根线把碎片化的时间串联起来；<u>第二，是否有结果和价值的产出</u>，能够把碎片化的成果整合起来。这背后的思维方式其实就是结构化思维，先从整体出发，再深入到细节当中，也就是本书序言里提到的"大局着眼、小处入手"。时间虽然可以碎片化，但目标和结果必须体系化。

通过第二章的"大局规划"和第三章的"周密计划"，实现了目标的体系化，已经制订了一份涵盖人生四大板块的年度计划，并且通过每日要事清单将计划落实到每天的行动中。自己对每天要达成的目标和待办事项已经心中有数，而且行动步骤也分解得足够细致，细致到能够填充到碎片时间里。当有了碎片时间，只需要拿出每日要事清单，从中选择一项来做就可以了。换句话说，每天的每一段碎片时间都围绕着体系化的目标逐步推进，日复一日，年复一年，这个目标就能达成。这是碎片时间高效利用的第一个关键——目标的体系化。

每一段碎片时间利用之后都会产生一些小成果，那么如何把这些小成果整合起来，形成体系化的大成果呢？这是另一个关键所在。

二、建立个人知识库，将碎片成果体系化

在高效利用每一段碎片时间处理要事的过程中，可以使用随身携带的纸笔或者手机上的备忘录，随时记录一些信息、想法等内容，这样就会产生一些碎片笔记，也就是细小的阶段性成果。例如，利用碎片时间构思一份项目方案时，产生的碎片成果就是方案的大纲和要点；读书、看纪录片或者听在线课程时，产生的是随手记录的一些要点和收获；写文章时产生的是灵感、句子、段落；为某项工作查找资料时产生的是搜索到的信息。这些阶段性成果都是碎片化的，还没有达到可以交付使用的程度，属于半成品。它们价值不大，也不便于管理利用，以后想要使用的时候还很难找到。

通过建立个人知识库，就能够把这些碎片化的信息整合起来，形成最终的成果，从而产生更大的价值。长此以往，这些成果就会积累沉淀成为自己独有的知识体系和经验宝库。对碎片笔记进行结构化整理，并将其放入个人知识库。经过整理和加工，多次利用碎片时间产生的要点就会变成一份份完整优质的、可以提交的项目方案，这或许会让领导对你刮目相看，给你带来意想不到的发展机会，加速你在职场的晋升；读书和听课的学习碎片最后会变成一篇篇读书和听课笔记，这不仅梳理了思路、加深了理解，分享出去还能帮助他人；文章片段最后会变成一篇篇文章，这些都是自己的作品，既能锻炼写作能力，又能把自己的想法传播给更多的人；收集到

的碎片资料最后会帮自己完成一项项重要工作，使自己成为职场中不可或缺的人才。这就是体系化成果带给自己的价值。

建立个人知识库包含两个动作：随时记录和定期整理。下面从目的、速度和对记录工具的要求这三个维度来比较这两个动作之间的差异。在每一段碎片时间里随时记录，不管是在独自高效专注做事的时候，还是与人交谈或者开会的时候，都需要快速记录。这样做的目的是尽快捕捉信息、辅助记忆，而且不需要长期保存，所以对工具的要求不高，只要能够快速打开、操作方便就行。记事本、零碎纸片、便利贴、手机备忘录都可以使用。这个动作输出的是散落在各处的碎片笔记。

为了形成最终成果，需要安排整块且不受打扰的时间，定期整理这些碎片笔记。通过分类、归纳、总结、整合、重组、联系、创造、丢弃等操作，把它们整合起来，有序地放置在一个固定的地方。被整理过的碎片笔记要及时丢弃，以减轻记忆和信息负担，也就是所谓的"阅后即焚"。这个动作的目的不仅仅是辅助记忆，还有着更高的追求——通过笔记梳理和促进思考，产生可以交付的成果，指导未来的行动，并且建立个人知识库。所以这个动作的速度会比较慢，毕竟慢工出细活。因为需要斟酌结构、逻辑、语言组织等方面，以确保最终输出成果的质量。这个动作输出的是成形、可交付的成果以及日益丰富的个人知识库。即使有些碎片笔记暂时不能形成成果，也不要紧，也要经过整理保存到知识库里，至少不会丢失，而且要经常翻阅，等到时机成熟了再输出成果。只有这样，随着时间的推移才能形成积累。而且这个整理、输出的过程不仅能够积累可见的完整成果，而且"完整"意味着结构化、有逻辑，这个过程对于锻炼输出能力、完善知识体系也非常有帮助。对于知识工作者来说，他的价值几乎就等同于他能够用知识输出多少价值。

由于知识库需要满足有条理、易搜索、长期使用的要求，并且能够支持文字、图片、表格、语音等各种格式，所以对工具的要求更高，需要结构清晰、格式多样、取用方便、搜索高效。而且因为这些笔记是终身积累的精神财富，所以要确保安全稳定的存储，不会轻易丢失。通常有三类工具可供选择：纸质记事本、电脑的硬盘空间和电子笔记软件。这三类工具各有优缺点，可以根据自己的情况进行选择。

纸质记事本的优点是有助于专注和思考，减少电子设备的干扰，还能带来写字的愉悦感；缺点是书写和搜索效率低，不方便携带，而且占用物理空间。

电脑硬盘空间的优点是操作方便、格式多样，无论是文字、图片、表格、语音还是视频都能存放，并且目录层级的设置很灵活；缺点是不方便携带，搜索效率不高，而且一旦硬盘出现故障可能导致数据丢失，需要定期备份。

笔记软件最大的优点是搜索高效、多机同步，便于分享和多人协作，很多笔记软件还有剪辑和收藏功能，看到微信公众号或浏览器上有用的内容可以很方便地收藏进来，有些笔记软件还提供了很多模板可供直接使用。

三、四标准法，决定碎片时间做什么

关于如何高效利用碎片时间，可能之前常听到的方法是，根据时间长度安排事务清单，五分钟、十分钟、三十分钟的碎片时间能用来处理哪些琐碎小事？比如现在有五分钟时间，可以打电话、预定机票、列购物清单；如果有十分钟，可以收发快递、整理办公桌、整理发票；如果有三十分钟，可以起草报告、回复邮件、听网课等。这种方法有两个局限：第一，考虑因素单一。当下的碎片时间用来做什么，判断依据仅仅是时间长度这个因素吗？有没有其他因素要考虑的？第二，产生价值太小。碎片时间如果只是用来处理这些琐碎事务的话，并不能够创造更大价值，带来更大收获。下面推荐的这个方法，就能很好地突破这两个局限。

先想象一个场景，如果你正在排队、等车、坐地铁，或飞机晚点，正好有一段碎片时间。你取出每日要事清单，想从中选择一件事来做。怎么确定现在最适合做什么，能让这段碎片时间的价值最大化？美国的时间管理专家戴维·艾伦在他的书《搞定Ⅰ：无压工作的艺术》中介绍了一个方法，"确定某一时刻具体行动的四标准法"，即情境、时间、精力、重要性。前三个标准是采取行动的制约因素，第四个标准用来评估行动的价值大小。以我自己为例，分析这个方法的应用。

关于情境，有一次我坐飞机去西安，和导师商讨毕业论文写作和答辩的一些细节。飞机暂时不能起飞，不知道要等多久。这种情境适合做什么？座位构成了一个相对封闭的小空间，面前的小桌板方便写东西，周围环境也比较安静，于是我拿出纸和笔，列论文的大纲和思路，还有要和导师讨论的一些问题。我在飞机上等了两个多小时，就用这个时间段写完了大纲和思路，等到了学校，就可以直接和老师进行讨论了。

关于时间，有一次我在银行排队，显示还要等三十分钟。于是我打算选择一件三十分钟内能完成的、适合公共场所环境的事情来做。那几天我正好要写一篇公众号文章，经过拆解，这个任务中的一个子任务是"构思文章大纲和内容要点"，适合三十分钟的时间长度，于是我就选择了这件事。对你来说，其他适合三十分钟的事情，可能是起草一份工作报告、读一篇英语新闻等。如果只有五分钟，那就选适合五分钟做的事。这些事可以是速战速决的琐碎小事，清理掉它们可以减轻大脑负担，也可以是重要任务拆解出来的子任务。

关于精力，当高强度地工作了一整天，到了离下班还有三十分钟时，已经筋疲力尽。这个碎片时间就不适合用来思考难题、起草复杂的工作提案等需要深度思考的任务。可以选择认知难度较低的任务，比如整理一下办公桌、给同事打个电话沟通某件事的进展或者整理一下最近积攒的待报销发票等。

关于重要性。只有当以上三个因素都匹配，行动才能最高效。此时如果还有多项任务可选，再根据重要性来选择。

有人可能会说，每次都要按照这四个因素来逐一判断，会很麻烦，而且效率也不高。其实，实践几次以后，大脑很快就会做出判断。一旦选择了这件事，在这段碎片时间里，就要保持记者型深度工作模式，只专注于这件事。

《肖申克的救赎》电影里有一幕这样的场景，在为出逃做准备的二十多年时间里，安迪每天晚上熄灯后都会用小小的锤子在墙上轻轻地一点点凿。他把一个巨大的目标和任务拆解到足够小，填到每天的碎片时间里。又通过很多努力为自己争取到单独囚室，并且用一张大海报遮住墙洞，为这件任务创造了合适的情境。利用晚上熄灯后的时间行动，又为这件任务提供了合适的时间。安迪用体系化的目标和成果，在碎片时间创造出了巨大价值，让自己重获自由。

《肖申克的救赎》原著里有一句话，我认为道出了碎片时间管理的真谛：如果一个人懂得利用时间的话，即使每次只有一点点时间，一点一滴累积起来，能做出不少事情。

通过以上方法，把这些碎片时间从"时间杀手"手里夺回来，用于重要目标，日复一日，所取得的收获和结果会令自己震惊。下面这个实操练习可以让你体会到这一点。

实操练习

请你统计每天大概有多少碎片时间，并写下以后你将如何更高效利用它们。

碎片时间统计：

通勤时间：_____分钟；

其他交通时间：_____分钟；

排队或其他等候时间：_____分钟；

午休：_____分钟；

晚餐后：_____分钟；

临睡前：_____分钟；

其他：_____分钟；

总计：_____分钟。

以后你打算把这些碎片时间用于哪些重要目标：

1. _____
2. _____
3. _____
4. _____
5. _____

练习时间：_____

过半年或一年以后，再回来检查这些目标的达成情况，你会发现自己多了很多意想不到的成果，其中有些可能是你想了很久，却一直没进展的。更重要的是，你会发现自己不知不觉已经摆脱了对手机的依赖，因为从这些目标中你体会到了比玩手机更高级、更持久的快乐和成就感。

四、合理任务统筹，碎片时间效率最大化

执行过程中，这些细小繁杂的任务交织在一起，通过以下三种方法进行合理统筹和组织，可以把碎片时间的效率最大化。

第一，多项任务并行处理

每天只有二十四小时，不能改变时间的长度，但通过并行处理可以增加时间的密度。前文提到过，根据认知难度和专注程度，任务分两种：浅度任务和深度任务。多件浅度任务，或者是一件深度任务加几件浅度任务，都可以组合在一起并行处理，但两件深度任务不能并行。

例如，假如觉得家务活浪费时间，就可以在洗衣服、洗碗的同时收听在线课程或者看电影，积累下来，一年可以听完不少课程、看完不少电影。这么做，还有一个好处，就是把喜欢的事和不喜欢的事搭配在一起，可以提升愉悦感。家务活琐碎无趣，搭配上自己喜欢的音频节目和电影，这件事反而让人期待起来。

再例如，在开一些重要会议的时候，我一般都会在本子上记笔记，然后利用零碎的时间快速归纳整理，等到会议结束时，会议记录基本就已经写完，只需要输入电脑里，就可以分发给相关人了，工作效率得到了提高。切记，专注力只能放在其中的一件任务上，正所谓"一心不可二用"。

第二，共性任务集中处理

比如同一个地点附近的多件事，最好设计好路线，集中办理。还有，把一些很琐碎的小事情抓紧时间完成，可以留出大块的时间做需要深度思考的事情。曾经有个读者问了我一个困扰她很久的问题：她的工作是社群运营，要时刻关注群消息，大量时间在这个过程中消耗掉了，没时间用于完成重要任务。针对这个问题，我建议她考虑以下三点：首先要判断及时回复消息对社群来说，是不是非常重要，不及时回复的后果是什么。对于有些紧急消息，确实需要及时回复。但是，社群成员真的需要你立即回复所有的消息吗？其次，大家的期望值是可以改变的，如果你立刻回复所有的消息，时间长了大家就会觉得这是你应该做的。最后，要形成自己回复消息的节奏，让大家去适应。因为时间管理非常重要的一点，就是你是你自己时间的主人，而不是别人。如果时间被手机、被他人所掌控，就会导致没有时间留给自己。每天都有时间留给自己，这对于个人成长和心灵安顿非常重要。

第三，难易任务交替处理

大脑的专注力和体力一样，也是有限额的，当持续进行太久需要高度集中精力的任务以后，大脑变得疲惫、低效。把难易任务交替进行，让大脑张弛有度，获得最高的大脑工作效率。

通过合理统筹任务，就能达到一加一大于二的效果，相当于挖掘出了很多时间，让每天不止二十四小时。

第四节　记录时间账本，明晰时间去向

一天繁忙的工作后，却不记得忙些什么；做了很多杂事，重要任务却进展甚微，不知道一天的时间究竟去哪儿了；曾经有很多想做的事：健身、读书、学乐器、旅行……然而时间在日复一日的重复中匆匆而过，等年老时，回顾一生，也不清楚一生的时间都去哪儿了。

钱用到哪里去了呢？记录消费账本的人应该不少。为了节省开支、积攒购房款而记账，账本能让自己清楚知晓每一笔钱的去向，并且为日后的消费做出分析与调整，不合理的花费不再乱花，把钱用在关键之处。可是，时间又用到哪里去了呢？记录时间账本的人却很少。我一直觉得，金钱和时间都是人生最重要的两大资源，二者地位相当，甚至时间比金钱更为稀缺珍贵，可为什么二者的待遇如此不同呢？所以不妨尝试一下时间账本。

一、时间账本的好处

时间是公平的，不论是谁，时间都以相同的速度流逝，无法停止、储存或倒流。这种时间属性让许多人感觉在被动地追赶它、难以把握。而有一个自己的时间账本能让自己清楚知晓自己的时间去向，从而主动决定

"我想让时间去哪儿",在时间面前成为主人。

现代管理大师彼得·德鲁克在《卓有成效的管理者》中指出,要成为有效的知识工作者,管理时间是首要任务,而管理时间的第一步就是记录时间。他说:"每位管理者的时间其实有很大一部分被浪费了,表面上看每件事都不得不做,但实际毫无意义。"他还强调:"若要管理好自己的时间,首先要清楚自己的时间是如何消耗的。"我在做时间管理咨询时,会让来访者先做一两周的时间记录,然后分析数据、制定方案。因为时间最诚实,能暴露出来访者在时间管理中的诸多问题。要了解一个人,不是看他怎么说,而是看他在长时间里是如何利用时间的。人最宝贵的是生命,而时间是生命的组成部分,是一点一滴累积起来的。既然珍视生命,难道不想好好记录和分析时间吗?

多年记录时间让我体会到以下三个好处:

第一,对时间的流逝保持清醒觉知

记录让你清楚知道时间每分每秒的去向。需要记录每项任务的开始和结束时间,这是一种自我约束和提醒。保持这种"觉醒"状态,就能清楚知道自己每分钟在做什么,从而掌控时间,而非沉迷于手机或网络。此外,这种方法有助于养成专注的习惯,一旦开始任务,就会全力完成,避免分心。通过记录,时间从无形变为具体,不会再无影无踪,总能追踪到时间的具体成果。

古罗马哲学家塞纳卡曾写道:"一切都不是我们的,只有时间是我们的财产。我们应记录每一笔支出，即使不能完全避免浪费，也要清楚浪费了多少、为何浪费。"记录时间账本的目的是"心中有数"，并非追求绝对不浪费时间。对现实中的人来说，这也不可能实现。记录时间账本让我对时间有掌控感，一天不记录就会觉得少了些什么。

第二，对时间的刻度有精准感知

不记录时间会导致错觉，认为自己高效利用了时间。比如，一天结束后，算出自己无所事事看了三小时视频；或者预计两小时完成的任务，实际却用了四小时。这种习惯能培养我们对时间刻度的精准感知，有时不用看表也能大致感知当前时间。做计划时，自己常常高估自己，实际所需时间往往比预估的多。时间记录则提供了预估参考，增加了准确性。人们常夸赞一个人"很有时间观念"，即指对时间有精准感知，从而更准确地预估时间、更守时。

第三，充分挖掘时间的容量

不做时间记录时，容易忽视十五分钟或半小时这种碎片时间。一旦开始记录，就像地毯式搜索，必须掌握每分每秒，洞察时间的每一个角落和空白点。要平等对待所有时间，没有不能利用的时间。如果善加利用，一年内能完成许多事情。看到时间记录和完成的任务，会感受到时间的巨大容量和自身的无限潜力。

二、如何记录时间账本

记录时间账本的首要任务是挑选合适的工具。刚开始记录的时候，我选用的是纸和笔。这种方式效率极低，一方面，记录的速度比较慢，另一方面也不利于后续的数据分析。后来，我还尝试过自己制作表格，但仍然感觉不够方便快捷。在本书中，将以一款名为aTimeLogger的应用程序为例，其他具有类似功能的App还有很多。不管是哪一款工具，它背后所遵循的逻辑和方法都是相通的。

我的记录方法是"活动类别—时间"记录法，具体包含三个步骤：

第一步：设定活动类别

为了方便统计，要对经常花费时间的事项进行结构化分类，而非记录每一件具体事项。所以，在记录之前，需要先在App中设置好活动类别。这里仍然以"人生平衡模型"的四大板块作为时间账本的框架，创建健康形象、家庭交际、事业财富和自我实现这四个活动类别的群组，如图4.5所示。然后，依据自己的实际状况，在每个群组里创建相应的活动类别。为了在使用时能够更轻松地区分，这个App还支持为不同的群组和活动设置不同的颜色与图标。

图 4.5 创建不同的活动类别示例

例如，在我的"事业财富"群组中，包含的活动类别有讲课、录制视频、提供咨询以及参加读书会等，如图4.6所示；而在"健康形象"群组里，涵盖的活动类别包括睡眠休息、健身瑜伽以及保健养生等，如图4.7所示。每天的时间花费便是依照这些活动类别来进行记录的。

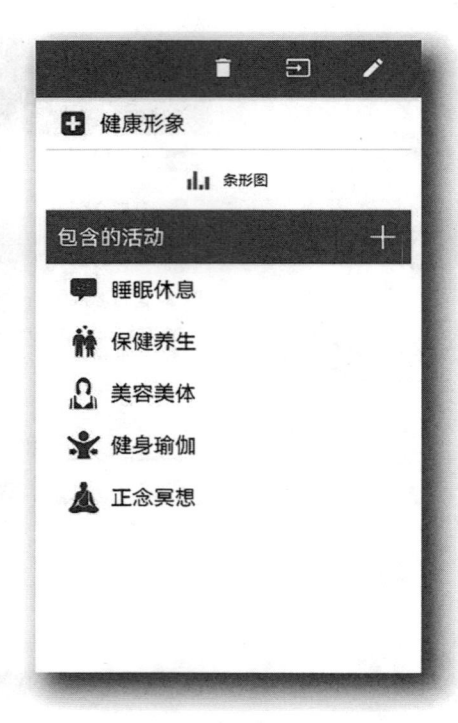

图 4.6　事业财富群组中设置的
活动类别示例

图 4.7　健康形象群组中设置的
活动类别示例

第二步：记录时间开销

在设置好活动类别之后，便可以开始记录时间了。每天早晨起床后的第一件事，便是打开这个App，记录下起床的时间，也就是前一天晚上"睡眠休息"活动结束的时间。随后，在一天的时间里，每当一项活动结束时，就记录下它的结束时间，而开始时间自然就是上一项活动的结束时间。到了晚上睡觉前，再次打开这个App，记录下睡觉的时间，即"睡眠休息"

活动的开始时间。刚开始使用时，可能会觉得记录时间很麻烦，像是一种负担，但一旦养成习惯，这种对时间流逝的觉知和掌控会对此上瘾，不记录就会感到不舒服。关键在于如何养成记录的习惯。实际上，每天花在记录时间开销上的总时间不过十分钟，而这段时间的投入所带来的好处却是巨大的。

在记录时，并不需要精确到每一分钟，我通常将最小时间单位设定为五分钟。例如，如果某项活动的实际开始时间是9点13分，我会将其记录为9点15分；如果是9点11分，就记录为9点10分。当然，你也可以根据自己的喜好选择合适的方式记录，比如以十分钟为一个单位。如果偶尔忘记了记录，也不必过于纠结，只需根据记忆中的时间大致补充即可。因为记录时间开销的目的是日后的统计和分析，几分钟的误差是可以忽略不计的。

由于记录的是某个活动类别的时间开销，可以在"备注"栏中填写具体的活动名称或相关细节，以便日后分析时回忆。例如，我有一个名为"讲课"的活动类别，用于记录所有与讲课相关的活动时间，包括课前沟通、备课和交付课程。假设今天我花了两个小时准备某个课程，那么在记录这两个小时的时候，我会在备注中注明"某某课程的备课"。如果用了六个小时交付这个课程，就在备注中写上"某某课程的交付"。

在记录时，还需要注意"时间的纯度"问题。例如，在一个小时的工作时间里，只有四十分钟是专注工作的有效时间，另外二十分钟的注意力可能不那么集中了。那么在记录这项工作时，实际时间开销应为四十分钟，而不是一小时。这样做的好处是，在数据统计和分析时能够更准确、真实地反映实际情况，并有助于提高专注度。

此外，记录要客观真实。例如，如果有一天不小心花了两个小时看手机，不要因为后悔而不记录这两个小时，长期坚持这种诚实面对自己的习惯，有助于自我提升。

第三步：导出时间报告

记录本身并非目的，如何使用导出的时间账本报告才是重点。App提供了导出报告的功能，可以自定义导出报告的时间范围，如某一天、某个月或特定日期区间；还可以针对特定活动导出报告，如仅导出与工作、家庭或健身相关的报告，具体取决于分析和使用报告的目的。

三、时间账本的用途

数据相较于自我感觉更为客观、精准且真实，能够定期对这些时间开销的数据加以分析，进而调整下一阶段的计划。通常，我会将导出的时间账本报告用于以下三个方面：

一是用于统计

首先是成果统计。有了这份记录，在撰写月度、季度或者年度总结时就有了依据，不会遗忘自己都做了哪些工作。不管公司领导要求多久交一次工作总结，我都建议每天、每周、每月、每季度都给自己做一次总结。

查看这个周期内自己在四大领域分别取得了何种成果,以及每个领域、每个活动类别耗费时间的占比情况。将成果以可视化的方式呈现出来,这对自身是一种激励,能够激发内在驱动力以及对未来工作的热情。而且有了这些阶段性的总结,年底总结就能够更轻松完成。

其次是时间统计,可以统计每天在不同任务上所花费的时间,也能够通过统计某个时间段内四个领域各自所占的时间比例,来评估在各个领域的平衡状况。例如,查看过去几个月是否在工作上投入了过多时间,而忽略了家庭和健康方面。还可以统计并纵向对比在某些活动上的时间花费变化情况。比如,如果想要有意识地增加阅读时间,就可以统计每个月用于读书的时间是否比上个月有所增加;如果要培养阅读习惯,可以连续监测几周的数据,看是否每天都在阅读上花费了一定的时间;要是觉得自己近期看手机的时间过多,就可以统计并监控每天看手机的时间,同时提醒自己有意识地减少。有了这些原始数据,才能按照自己的需求进行各种各样的统计。

表4.3能够用于统计某个时间段内四大领域不同活动所花费时间的占比以及具体的成果。在"活动"这一列可以根据自身实际情况增加行数,例如我在"事业/财富"领域包含的活动有"讲课""咨询""视频""直播""读书会"等。另外,"时间占比"这一列的总和必定是100%。

表 4.3　时间账本统计表

姓　名：
时间段：

四大领域	活动	时间占比	成就事件
身体/健康			
家庭/交际			
事业/财富			
自我实现			

二是用于复盘

复盘与总结的作用类似，应当养成每日、每周、每月乃至每季度进行自我复盘的习惯。在复盘中，需要审视自己在过去的时间里做得好的方面，同时也要找出存在哪些不足之处有待改进。复盘不仅仅是对整体情况进行回顾，它还能针对特定问题展开分析。例如，当察觉到自己在一段时间内沉迷于玩手机或者忙于琐事，花费了过多的时间时，就可以将这些特定活动的时间开销导出。将这些数据与以往的记录进行对比，从而让自己能够直观地面对这个问题。并且，可以依据对比结果制定目标，明确在这些活动上要减少多少时间的投入，这样就能有目的地避免时间浪费。至于复盘的具体操作方法，将会在下一个章节进行详细阐述。

三是用于规划

借助对已完成任务的时间花费进行统计，能够算出完成某项任务所耗费的时间成本。这个数据在规划未来类似任务时非常有用，可以帮助预估所需的时间预算。例如，经过统计我发现，准备一门时长为一天的新课程大概需要二十个小时。其中涵盖了构思大纲、寻找素材、制作课件、撰写讲稿等子任务。那么，当下次接到新的课程需求时，我就能够更加从容地为各项准备工作规划时间了。

习惯一旦养成，就会变得自然而然。对我而言，十多年来每日进行记录和总结就如同刷牙洗脸一样平常。时间账本就像是我的一个随身小工具，它方便且不引人注意，又不可或缺，就像随身携带的眼镜、钥匙或者手表一样。然而，真的能说这仅仅是一种时间管理的技巧和习惯吗？实际上，这并非仅仅是表面上的技巧，它与一个人的人生追求、规划以及目标有着紧密的联系。所以，查看自己的时间记录实际上是深入了解自己的最佳方式。历史是由无数个一分一秒积累而成的，记录时间也是见证自己人生历程最为真实的方式。从本质上讲，记录时间账本就是在进行自我剖析，是对自己生命的一种珍视，体现了对自己内心世界的关心、关注和浓厚兴趣。

当一个人心中有了使命和目标之后，就会对每一分钟的花费都格外在意；反之，如果毫无节制地让时间被手机、琐事以及低效社交消耗掉，那是因为缺乏使命和目标。所以，回到最根本的问题上来，你此生的使命是什么呢？时间管理必然是从愿景和使命开始的，"有没有人生愿景，是时间管理成败的关键"。记录时间账本的精神核心其实就是愿景和使命，而给予自己此生旺盛生命力的，也正是人生的愿景和使命感。

第五章

成功交付（delivery）：
日积月累，成果丰硕

在职场当中，业绩是一种结果。交付力体现的是一个人能够长期达成结果的能力，并且要持续不断地提升这种能力。只有通过高效的行动切实取得预期成果，并且得到接收方的验证与确认，才算真正完成任务，从而形成工作闭环。此外，还要凭借复盘来持续提升自己，将经验与教训运用到下一个目标当中。一个接一个地实现目标，人生就会持续攀升，不断迈向新的高度。

第一节　交付：万里长城这样建成

当大局规划、周密计划以及极致执行这三个步骤都妥善完成时，就已经产生了诸多阶段性的成果。而成功交付这一环节的主要任务就是把这些阶段性成果整合成为一个能够交付的最终成果。在达成目标的过程中，"交付"这个环节起着极为关键的作用，它是对前期的规划、计划以及执行效果的最后检验。一个优质的交付过程能够保证目标的实现不是停留在理论层面，而是实实在在地转化为实际成果。不过，交付完成并非终点，还需要进行复盘，这样才能持续提升进步。

一、三个要领，实现成果导向

成果并非一蹴而就，而是逐步构建起来的，就像那句著名的谚语所说，"罗马不是一天建成的"。实干家与空想家不同，他们都具备很强的成果导向，而以下三个要领能够帮助自己实现成果导向。在构建成果的过程中，笔记起着重要的作用，它不仅仅是一个记录工具，更是连接记忆、思考和行动的桥梁。

第一个要领是以终为始

在开始的时候就牢记想要达到的最终目标，在实施过程中对照目标，想象最终要交付的成果会以何种形式呈现,并将其写在笔记上。这就好比建造房子之前要先绘制图纸,装修房子之前要先画效果图一样。这意味着必须时刻明确自己的最终目标是什么,在什么时间节点要交付什么样的结果,进而逆向规划和执行每个阶段的工作。这样,所采取的每一个步骤都是朝着既定目标前进的,在执行过程中逐步补充细节。并且随时用笔记记录下这个过程中产生的各种想法,防止遗忘,因为每一个想法都有可能让最终成果更加完善。

例如,有一个客户的需求是,要在一个月后交付一门新课程,课程时长为一天。这就是我要达到的最终目标,成果的核心在于我所讲授的课程内容,其最终呈现形式为课堂课件以及我作为培训师在课堂上的表现。围绕这个目标,我先在笔记上打草稿构思课程内容,包括要讲授哪些概念、模型、方法和工具,在讲授时要搭配哪些案例和素材才能让学员更好地理解这些概念和方法,要设计哪些练习和互动环节才能让学员掌握这些方法和工具;还要思考这些内容要以何种逻辑结构进行组织才能让学员理解并接受,是并列结构、递进结构还是"为什么、是什么、怎么做"的结构。笔记的形式可以是思维导图、九宫格或者随意的涂鸦,然后再整理成一份正式的课程方案。这就相当于课程的图纸,将其发给客户沟通并确认课堂内容是否符合他们的需求,再根据反馈进行修改,最终形成定稿。

在这一个月的准备过程中,我始终牢记最终目标,并围绕课程方案这个"图纸"开展"工程",逆向规划各个阶段的工作,进行课件和讲课稿的准备。在这个过程中,我可能会产生很多灵感,不管在产生灵感的时候我正在做什么,我都会及时把这个灵感记录到随身携带的记事本里,这就是前面提到的"随时记录"步骤,之后再进行整理,把这些零散的灵感实现出来,整合到课件这个最终要交付的成果中。

灵感转瞬即逝,及时捕捉并记录下来是为了避免遗忘,这体现了笔记辅助记忆的作用。但是不要仅仅满足于记录下来,还要对这些灵感进行整理,思考能否对它们进行归类或者与已有的知识点进行整合,思考它们能在哪里使用、如何使用。在整理的过程中,笔记能够帮助自己梳理思路、厘清逻辑关系、弄清楚前因后果,这就是笔记促进思考的作用。但是不要仅仅停留在这个阶段,还要进一步思考要将这些灵感落实到哪些行动上,思考需要怎么做、有哪些行动步骤才能把这些灵感转化为最终的成果,等等。将这些写在笔记上就形成了一份行动计划,方便以后按照计划执行,这就是笔记指导行动的作用。

以上就是笔记的三个作用,即辅助记忆、促进思考和指导行动,分别对应"见""思""行"这三个动作,所以我将其称为"见思行"笔记法。

记笔记的习惯不仅能用于记录灵感,在更多的场景下它都适用,像读书、看影视剧、看新闻、看视频,甚至是与人交谈的时候,都能够随时获取对自己有用的信息,并且将这些信息转化为实实在在的成果,而不是让这些信息像过眼云烟一样从眼前溜走。哪怕只是其中有一两句话触动了你或者给了你启发,也要把这几句话记到笔记里,经常拿出来回顾,防止遗忘,这就是笔记辅助记忆的作用。

在记录的时候，针对这几句话进行更多的思考，或者将其与自己以往的经历相联系，思考为什么这句话会触动你，再深入挖掘一下还有哪些想法或者感受，并且反思自己以前在这方面是怎么做的。这样做就把别人给的建议或者经验内化为自己的东西，与自己的想法或者经历产生了化学反应，从而变成了自己思想的一部分，这就是笔记促进思考的作用。

那么关于这几句话，怎样应用到自己的实际工作或者生活中呢？在行动上能做些什么不一样的事情来获得更好的效果呢？这就是笔记指导行动的作用。掌握了这种"见思行"笔记法的人更善于学习，要知道人生处处皆学问，要把周围的一切都当作自己的老师，这样能让自己的成长达到事半功倍的效果。

小宋是职场新人，自从掌握了这个方法之后，不管何时、何事都不忘运用这个方法，成为高效学习者，他在自我成长和职场发展方面都得到了加速提升。有一次他和领导谈话的时候，领导不经意间说了一句："这个任务做完以后，别忘了和我确认，我好心里有数，让这件事形成闭环，主动确认和闭环思维是很重要的工作习惯。"就是"主动确认和闭环思维是很重要的工作习惯"这句话给了他很大的启发，于是他认真地把这句话写到笔记里，并且多次查看，牢记于心。

但是他没有仅仅停留在记录这个动作上，而是认真思考为什么这句话会触动和启发他。原来完成任务并不意味着就结束了，而是要给布置任务的人一个交代并且确认才算是完成了任务，这才形成了闭环。所以他在执行任务的时候，会在过程中的重要节点或者完成之后，主动向领导或者相关的同事进行确认或者汇报，让对方及时了解当前的状态。就是这么一个小小的改变，让小宋成为领导和同事信任和喜欢的同事，他也因此得到了更多重要的工作机会。

第二个要领是培养用户思维

在用户至上的时代，在实现目标和交付结果的时候融入用户思维，可不仅仅是满足基本需求这么简单，更重要的是要站在接收方的角度，去设想并且确认对方期待看到的成果是什么样子，深入地洞察他们的潜在需求、情感偏好以及实际使用场景，从而创造出既实用又贴心，甚至能给人带来惊喜的成果。这里强调的是始终从用户的角度去看问题，这就要求深入理解用户需求，并且以这个为中心来指导行动。这个过程不仅要做到"知其然"，更要"知其所以然"，也就是说不仅要了解用户需要什么，还要理解他们为什么需要，以及这些需求背后的动机和情感诉求。

这里所说的"用户"不仅指"使用产品的人""外部客户"这狭义的概念，还包括接收和使用你的工作成果的人。在工作当中具备用户思维，能够提升工作质量、促进团队协作、赢得领导和同事的信任。有时候如果某个目标只是自己的个人目标，那么自己就是用户。

有一次我完成了一个大项目，作为项目负责人我需要写一份项目总结报告交给公司的高层领导。高层领导就是这份成果的用户，在撰写的时候我要跳出"执行者"的角色，站在他们的视角和思维方式上，从更高的维度，也就是"管理者"和"领导者"的角色出发，去思考他们期望从报告中得到哪些有价值的信息，可能存在哪些疑问。所以除了总结客观数据之外，我还要加入自己主观的分析、思考、判断、评估和建议。比如分析项目中的各种数据，针对未来如何提升项目执行效率和质量提出改进建议，评估该项目的投入和产出比，思考整个项目过程中有哪些做得好的方面，需要优化的地方，是否有一些有用的经验可以推广，这些经验要如何记录和保存，是否可以流程化，等等。总之要把我能想到的所有内容都清晰地、有条理地呈现给领导，其中有很多也是上级感兴趣的问题。也许其中的一些建议和想法不会被采纳，但是至少给上级提供了更多的信息来帮助他们做决策。

工作任务可能大同小异，但是由不同的人来做结果就会不一样。如果想要在工作中脱颖而出，就要具备差异化价值思维，也就是要思考"这件事由我来做，会有哪些不同，我能给这件事、我所在的组织或者公司带来哪些不同的价值"。不管谁来做这个项目的负责人，客观数据就在那里，但是经验和智慧却是每个人独一无二的价值所在。具备用户思维能够提升工作质量和工作绩效，下面再举一个把用户思维用于提升自己能力的例子。

例如，小A想要提升自己的读书和写作能力，所以在今年给自己设定了一个目标：精读十本关于职场能力提升的书籍，并且每读完一本，就在公众号上发表一篇读书笔记。小A期望自己的分享能够给读者带来启发，而且有了读者的反馈后，他就会更有动力去提升这两种能力。所以，小A在撰写文章的时候，不像写日记那样随心所欲，而是要在下笔之前就具备用户思维，这里的用户就是阅读这些文章的读者。

首先，小A要构建目标读者群的用户画像。他可以通过调研、查看后台留言以及分析后台数据等方式得知，大部分读者是初入职场的年轻人。这些人热爱阅读，渴望通过读书增长见识、提升自己，其中还包含一部分喜欢写作的人。基于这个用户画像，小A开始对读书笔记的内容进行定制化。他不能仅仅是重复书中的内容，更需要提供独特的见解、深入的分析以及实用的建议。所以，在每篇读书笔记里，小A都会融入自己的思考、感悟以及与现实生活的联系，从而确保内容既有深度又贴近生活实际，能够引发读者的共鸣。为了提升读者的阅读体验，小A还非常注重文章的排版、配图以及标题的吸引力。他学习并运用专业的排版技巧，让文章看起来美观又方便阅读。并且，他会精心挑选与文章内容相关的图片或者插图来增强视觉效果。在撰写标题时，他力求简洁明了、有吸引力，让读者一眼就能抓住文章的核心价值。在每篇文章正式发布之前，他都会先把预览发给自己，然后切换到读者的角度仔细阅读，这样自己就能提出不少修改意见。

其次，小A深刻认识到互动与反馈对提升内容质量有着重要意义。所以，他会在每篇读书笔记的末尾设置讨论话题，以此鼓励读者分享阅读心得、提出问题或者展开讨论。他会积极回复每一条评论，从而与读者建立良好的互动关系。此外，他还定期举办线上读书会或者主题讨论活动，邀请读者参与进来，一起交流学习的心得。通过这些互动与反馈机制，他不仅能够及时掌握读者的需求和反馈，还能够不断优化自己的内容创作策略。另外，小A还会利用公众号的数据分析工具来追踪文章的阅读量、点赞数量、分享数量以及读者来源等关键指标。通过数据分析，他能够清楚地了解到哪些类型的内容更受读者欢迎、在哪些时间段发布文章的效果最好等信息。基于这些数据分析结果，小A不断地调整自己的内容创作方向和发布策略，从而确保持续为读者提供有价值、有吸引力的内容。

在整个过程中，小A也在各个阶段运用"见思行"笔记法来记录对达成这个目标有用的信息和想法。经常站在用户的角度去思考和看待问题，能够使自己具备"换位思考"的能力，从而产出更符合接收方期待的成果，进而获得更强的用户黏性。

第三个要领是可视化

要交付的成果以何种视觉形式呈现呢？形式多种多样，但要尽可能设想出它的视觉效果。哪怕要交付的是无形的创新想法，也得设法使其可视化，例如画成一幅图或者设计成一份PPT。因为可视化能把复杂的信息直观地呈现出来，让问题和计划一目了然，还能提供载体用于和相关方交流、确认，从而更有效地组织和传达我们的思想。

对于培养用户思维和可视化，同样可以使用"见思行笔记法"来发挥笔记的三个重要作用。

总之，"以终为始""培养用户思维""可视化"这三大要领就像三根支柱，支撑着成果构建过程。它们各尽其责并且相互关联，产生协同效应，使努力更有秩序、方向感，也更可能创造出真正有价值的成果。借助笔记这个看似简单的工具，能够将这三个要领落到实处，逐步积累进步，直至达成宏伟目标。

再好的想法或计划，若要实现其价值，最终都要体现在具体的结果上。这里的结果包括"事"与"人"两个维度，事情要成功，人也要成长。在达成本次目标的过程中，自己在知识、技能、态度、眼界等方面有哪些提升呢？要是你是一个管理者，还要考虑团队成员在本次目标达成过程中有哪些成长。高效能的管理者会兼顾绩效和人才两方面，正像管理大师彼得·德鲁克所说："管理者要做到卓有成效，必须最后体现在工作的结果上。这个结果，必须对组织有贡献，同时也要使个人能够得到发展。"

二、四个动作，确保交付闭环

在追求目标的征途上，无论目标是什么，成果交付都是至关重要的一环。这一步骤不仅彰显了对于成果的重视，避免遗漏细节，为目标画上圆满的句号，培养闭环意识，更是对整个努力过程的总结与提升。在进行成果交付时，以下四个关键动作是必不可少的：

1. 检查完成状态

在成果交付之前，首先要对照既定的计划，逐项检查各项行动的完成情况。这不仅是对自己的负责，也能确保成果的完整性和可靠性。例如，在完成一项市场调研报告后，需要根据最初制订的行动计划，检查每一步是否完成，并且对照研究目的和框架，检查数据收集是否全面、分析是否深入、结论是否明确。比如，工作目标是了解城市年轻消费者对环保产品的接受度，并撰写报告。团队通过问卷调查、访谈和数据分析得出初步结论。在检查时，可能会发现某些数据解读存在偏差，或部分建议不够切实可行，这时要及时修正这些错误，以确保最终交付的报告具有高质量参考价值。

在第三章中，将目标拆解为具体详细的计划，包含一系列具体的任务和执行步骤。现在需要对整个计划的每项任务和步骤进行完成状态的检查，确保没有遗漏。以上文所提到的小明的年度目标和计划为例，见表3.4。她需要填写"完成状态"这一列。如果某个任务已完成，则写"已完成"；如果有些尚未完成，就如实填写"未完成"，可以将其纳入下一年的年度目标和计划中；如果某个任务不再需要，则填写"已删除"。"实际的完成日期"可以在目标执行过程中及时填写，以免在最后阶段检查时遗忘。在接下来的复盘步骤中，可以用来与预计完成日期对比，分析提前或延后的原因。

实操练习

现在，请你取出你的年度计划表，见表3.5。检查并填写每一项任务的完成状态和实际完成日期。

练习时间：_____

2. 交付验收结果

成果交付的关键在于把结果传递给接收方，以供其验收和确认。在工作场景下，这或许意味着将团队齐心协力打造出来的项目或产品推向市场，把精心撰写的项目报告呈递给上级或者客户，将认真书写的邮件发送给客户或者合作伙伴，为员工提供用心筹备的培训；从个人成长的角度来看，则可能是达成了某个成长目标，例如修完一个学位、通过一项考试、获取一个证书、学会一种乐器、掌握一门外语或者读完一本书等，从而给自己一个交代，并且展示自己的努力成果或者自我评估。以修完一门课程为例，不能仅仅是将结业证书妥善收藏，更要把课程中学到的知识构建成体系，以思维导图或者总结报告的形式呈现出来，这样做既便于自己日后复习，又能作为向同行展示学习成果的依据。

3. 汇报工作成果

到前一步为止，仅仅是完成了任务本身，而这一步则是要进行汇报沟通，也就是总结工作成果，并向相关人员汇报、交流，给下达目标和任务的人以及其他所有相关人员一个交代和确认，让大家都清楚你的工作已经完成、取得了何种成果、何时向何人交付了成果等内容。"做"无疑是"说"的基础与前提，然而"说"也是不可或缺的，它能够将信息同步给所有相关人员，使这个目标和任务形成闭环。但很多人并没有养成这样的习惯，从而做了许多工作，却没有达到预期的效果。

学员小陈就职于一家咨询公司，其主要工作职责是为客户提供市场研究报告。经过数周的努力工作，小陈完成了一份关于新兴市场的详细分析报告，该报告深入剖析了市场趋势、潜在风险与机会点，并给出了几个关键的投资建议。小陈虽然完成了任务，却没有及时向公司的其他团队成员或者上司汇报报告的结果和分析内容。他觉得只要按时提交报告就可以了，忽略了进一步沟通和讨论的重要性。由于没有进行汇报，公司团队对小陈的研究成果全然不知。当另一个同事开展类似项目时，没有参考小陈的成果，致使工作重复，并且未能运用小陈报告中的见解来加深新项目的深度。小陈的报告包含一些创新性的投资建议，然而由于他没有向关键决策者或者潜在客户展示自己的成果，这些建议未能及时被采纳。几个月后，当这些建议再次被提出时，市场环境已经改变，公司因此错过了早期进入市场的时机，小陈的辛勤付出没有得到应有的认可。由此可见，"说"（即汇报和沟通）的重要性依旧不容忽视，它能够保证工作成果被及时发现和应用，同时也对个人职业发展有着直接的影响。

4. 整理复盘资料

最后一个环节是整理过程中的所有资料，其中不但包含最终成果，还涵盖了过程中产生的各类记录、数据、反馈、文档等。这些资料是日后复盘的珍贵资源，有助于更好地认识自己的工作方式和成长轨迹。例如，一位软件开发者在完成一个产品功能之后，应当将开发过程中的代码变更、测试结果、用户反馈等资料进行归档保存。如此一来，在日后回顾时，就能够清晰地看到每一个决策背后的逻辑，以及不同选择所产生的效果差异。

通过以上四个步骤，不但能够保证成果的有效交付，还能够从中获取经验，推动个人的成长和团队的进步。不管是在职场中的项目交付，还是个人成长方面的自我提升，这一套方法都是达成目标之后必不可少的流程。以下这两个案例体现了成果交付的重要性。

有一个创业团队成功推出了一款新的移动应用。产品上线之后，该团队对交付流程进行了细致的梳理。首先，他们重新审视了最初的产品设计文档和市场定位，确认产品功能是否达到了预定目标。接着，他们把产品交给了一批测试用户，并收集了用户的反馈。在收集反馈期间，团队察觉到应用的某些界面没有预期的那么直观，于是迅速调整。之后，团队整理出一份包含用户反馈、技术实施细节和市场分析的详细报告，并向投资者和利益相关者进行了汇报。最后，团队整理了所有的反馈和修改记录，为后续的产品迭代提供了丰富的参考依据。

另一个例子是，我的一个正在学习英语的学员，在一个阶段的学习结束之后，首先对照学习计划，检查各项语言技能的学习状况。他通过模拟考试来评估自己的语言水平，并将成绩与目标进行对比。然后，他把自身的进步展示给同学和教师，从而获得他们的反馈和认可。通过这个过程，他能够得到关于自己学习效果的客观评价，并且为自己的学习计划做出调整。此外，他还记录了每天的学习笔记和心得，这些资料在日后准备更高级别的语言考试时将成为宝贵的复习素材。所有这些都将成为日后复盘的珍贵资料。

在这两个案例中，无论是创业团队还是语言学习者，都体现出了目标达成之后成果交付的重要性。他们都成功地完成了成果交付，为自己或者团队带来了明显的成长和提升。这一过程不但促进了工作的持续改进，还加深了个人对知识和技能的掌握程度，为未来实现更高的目标奠定了坚实的基础。

如果你是团队管理者，成果交付还是一个非常宝贵的团队激励和赋能机会，有以下四件事可以做：

其一，通过发送通知或者公告的形式，将项目或任务完成的消息告知更多的人，总结项目过程及其创造的价值等内容，并且对所有参与该项目或任务的成员表示祝贺。

其二，为团队举办庆祝活动，比如一起出去进行团建活动，这既能让大家从忙碌的工作中暂时解脱，又能增强团队的凝聚力，参与者能够从中获得成就感和自豪感。

其三，对过程中的突出贡献者给予表彰，表彰形式多种多样，例如发邮件、设立光荣榜、颁发奖状、发放奖金或者计入年终考评等，总之要让更多的人知道他们的贡献和价值。

其四，对给予帮助的个人和团队表达感谢，表达没有他们在资源、人力、财力等各方面的支持和助力，项目或任务不可能如此顺利地完成。表达感谢本身也是一种赋能和褒奖。

做到这些，才算是真正意义上的完成。事情做了并不等同于做完、做好，只有完成交付，才是将事情彻底做完、做好。当然，事情也不是一次性就能做好的，不管是个人还是团队，都需要不断进步，在思路、方法、流程等各个方面追求精益求精，所以，在任务完成之后还需要进行复盘。

第二节　复盘：开启持续精进模式

一、做自己的职业教练

许多人都期待能够持续提升自我并实现职业发展。在提升自我的道路上，有一种古老且有效的方法——复盘。复盘指的是对自己已经完成的棋局进行回顾分析，就像在头脑中对过去参与的项目、做出的决策或者经历的事件重新"走"一遍，通过对过去的行为和结果进行系统回顾、反思与总结，从而提炼出经验教训，以促进个人成长并提升职业竞争力。

在企业管理中，复盘是常规的操作环节，可用于团队复盘、项目复盘或者阶段复盘等；在自我管理方面，复盘则是个人持续成长、优化自我的必备工具。

复盘的目的一是避免重复犯错，二是总结规律并固化流程，三是改进提升从而持续进步。在复盘中，自我反思和反省的能力尤为重要。养成复盘的习惯能让自己保持清醒、理性和开放的状态，系统、客观且平和地看待自己的成败得失，并且始终对未来充满动力和热情。

复盘是一种深度思考的过程。它要求个人或团队在经历一个重要的工作项目、事件或者决策之后，静下心来审视整个过程，从规划到执行再到结果的每一个环节都要仔细考量。这个过程包括找出成功的关键因素、剖析失败的原因、挖掘潜在的改进之处以及制定未来的行动方案。复盘并非简单的回顾，它是一种有结构的反思，目的在于通过深入分析来推动学习和成长。在提升自我的道路上，反馈是不可或缺的，它就像一面镜子，能让自己看到自己的优缺点。反馈既可能来自他人，也可能源于自身，而复盘就是一种自我反馈。养成复盘的习惯意味着建立一个积极的自我反馈机制，它能够告诉自己哪些地方做得不错，哪些地方的行动需要调整，哪些方法和步骤需要改进，从而让自己成为自己的职业成长教练。

反馈能够发现自身盲点。在紧张的工作进程中，可能会忽略一些关键细节或者陷入某种思维定式。而复盘则给了自己从新的角度审视问题的机会，从而发现以前未曾注意到的盲点。每次复盘都是对经验的一次提炼过程。通过对成功案例的分析，可以总结出可复制的有效策略；对失败案例的剖析，则能避免在未来犯同样的错误。复盘还能促进创新。在寻找问题的根本原因和解决方案的过程中，可能会产生新的想法或者改进措施，这些都可能成为推动个人或者组织创新的动力。

有一个年轻的创业者，在推出新产品后，发现市场反应平淡。经过复盘，他意识到在产品开发初期没有充分调研目标客户的需求。这次复盘促使他在后续的产品迭代过程中更加重视市场调研，最终产品获得了成功。

一个项目经理在完成一个重要项目后，通过复盘发现了团队沟通不畅的问题。之后她引入了新的沟通工具和会议结构，大大提高了团队的效率和协作能力。

一个销售人员业绩不佳时进行复盘，发现自己的销售策略过于单一。于是他开始尝试多种销售技巧，并针对不同客户制定个性化策略，最终实现了业绩的显著提升。

通过填写第三章第三节里的每日要事清单表（表3.8），还能养成每日复盘的好习惯。建议每晚临睡前回顾一天所有完成和没完成的事项，填写该表后三项：实际用时、完成状态和专注度。

复盘作为一种自我指导的工具，对于个人成长和职业发展有着不可估量的价值。它不仅帮助自己从过去的经验中学习，还能激发自己的创新思维，提高解决问题的能力，培养责任感和领导力。通过复盘，自己能够更好地认识自己，发现自身的潜力，实现自我超越。正如上述案例所展示的那样，无论是学生还是身处不同岗位的职场人士，都能够通过复盘找到提升自己的途径。所以，将复盘作为个人成长和职业发展的教练，不断追求卓越，是每个人都应该采用的策略。

二、复盘的四个步骤

一个完整的复盘包含以下四个步骤，此方法简称为"READ"复盘法。该方法适用于多种情况，比如月度、季度、半年、年度复盘等阶段复盘以及项目复盘，无论是个人复盘还是团队共同复盘都可应用。下面以个人年度复盘为例进行说明。

1. 回顾目标（review the goals）

思考过去一年设定了哪些目标，当初制定目标时的初衷是什么，期望达成何种结果。

2. 评估结果（evaluate the results）

查看过去一年取得了哪些关键成果，哪些目标未完成，主动舍弃了哪些任务，还有哪些任务还没完成，哪些事情投入产出比较高或者过低。此步骤重点在于依据事实和数据，客观全面地将过去一年的成败得失毫无保留地呈现在自己眼前。这里要着重指出的是，在评估"结果"时，不能只关注完成事务的数量，更要留意自己在做这些事时的情绪状态，是充满干劲、萎靡不振、满心欢喜、灰心丧气、愉悦舒畅还是心怀抵触？所以，除了从理性层面进行评估之外，还应包含感性层面的评估，例如列出去年"最有成就感的一件事""最愉悦的一件事""最后悔的一件事"等"之最"事件。在我看来，相较于结果的数量，这些情绪价值更为关键，毕竟人并非机器，不能单纯以产出为衡量标准。只有结合理性和感性，才能在明年做出更优决策。

或许你会问，要是自己把这些都忘了该怎么办呢？你可以凭借脑海中的印象，以及平时留存的一些记录，像邮件、聊天记录、日记、笔记等尽可能地去回忆。不过实际上我更推荐你养成记录时间账本和每日日志的习惯，这样就能为自己留下充足的复盘原始资料和素材。记录每日日志非常简单，只需找一个本子，用来记录和整理每日待办事项以及复盘反思就可以了。

依旧运用前文提到的"人生平衡模型",将"回顾目标"和"评估结果"这两个步骤按照身体/健康、家庭/交际、事业/财富和自我实现这四个方面进行结构化整理,这样能让自己的思路更为清晰,避免将所有目标杂乱无章地混在一起。

3. 分析原因(analyze the causes)

恰似医生依据化验报告来判定病症并开具药方,在有了成果之后,就要展开诊断与剖析。达成的目标背后存在着何种缘由呢?未达成的目标,又是出于什么因素呢?半途而废的目标又是因为什么呢?受到的教育可能让自己觉得"半途而废"是不好的事情,但实际上并非如此,有时候主动舍弃是有必要的,这是基于战略思维作出的决策,那些投资回报率极低的事情或者是对内心消耗极大的事,及时止损能够避免更多的损失。倘若人生没有删除键,那将是多么恐怖的事情啊。

4. 提炼经验(define the action plan)

这是整个复盘最为关键的一步,要明确哪些方面做得好、有哪些有用的经验,在日后的工作与生活中持续运用并发扬;哪些方面做得不够好、存在哪些有待改进的行为和方法,日后要吸取教训、防止再次犯错。通过对经验教训的归纳总结,务必要制定出具体的改进方案,并付诸实践,这样才能让整个复盘的结果真正得以实现。要是不采取行动、拿不出成果,那么即便复盘做得再精美,也是毫无意义的。

整个复盘过程应秉持的心态，可用这四个关键词来概括：<u>觉察、接纳、放下、出发</u>。

真诚地直面自己，敏锐地感知内心的感受，不管结果怎样，有多少想做的事没做，或者做了哪些令自己懊悔的事，都要坦然接纳，然后放下。以空杯的心态迎接新的一年，不忘初心再次踏上征程。

进行年度复盘虽然耗费时间，但在复盘中重温过去，目睹往昔重现，清晰地回顾自己走过的每一个脚印，这种感觉既踏实又美妙。而且在全面复盘的时候，还能够更深入地思考，日后还能做些什么、怎么做才能达成更好的结果。

复盘之后更为关键的是形成一份未来提升的行动计划，这样才能切实将复盘结果落到实处，此时就需要运用这个工具模板——<u>KISS复盘模板</u>，见表5.1。它涵盖这四项复盘内容："做得好的方面"有哪些，日后继续保持（keep）；"有待提高的方面"有哪些，日后加以改进（improve）；"之前没做、日后计划开始的行动"有哪些（start）；"以前在做但日后没必要再做、计划停止的行为"有哪些（stop）。取这四个单词的首字母，就构成了KISS复盘模板。"负责人"这一列只适用于团队复盘，个人复盘无须填写。"截止日期"这一列只需针对"计划开始哪些行动（start）"和"计划停止哪些行动（stop）"这两个部分进行填写。

表 5.1　KISS 复盘模板

项目：
团队或姓名：
周期：
复盘时间：

复盘项		负责人	截止日期
做得好的方面（keep）			
有待改善的方面（improve）			
计划开始哪些行动（start）			
计划停止哪些行动（stop）			

以下是一个运用READ复盘法和KISS复盘模板提升阅读方法与效果的实例（表5.2）：

在自我实现方面，我曾定下目标，要在一年里阅读三十本实用方法类书籍。当进行回顾目标和评估结果时，我发现自己实际上仅读了十本，和目标的差距相当大。这些实用方法类书籍本是我认为回报率很高的阅读内容，如此大的差距让我十分沮丧。若不把目标和结果进行比对，我就不能直观看到这种差距，也不会感受到这种情绪的强烈冲击，从而难以刺激自己去剖析原因并改进方法。

经过分析与探究，我发现自己读书速度慢的原因主要有这三点：

其一，读实用方法类书籍时毫无目的。阅读小说等虚构类作品可以单纯为了享受而阅读，不需要带有任何功利性目的。但阅读实用方法类书籍的目的是将书中方法应用到实际当中，以改善自身的思想或行为，如果还是像读小说那样毫无目的地阅读，必然会导致阅读效率低、效果差。

其二，必须像读小说一样从头读到尾，认为这样才能确保不遗漏任何情节。由于阅读目的不够明确，就无法辨别书中哪些内容是自己需要学习的，与阅读目的无关可以跳过。

其三，读完后没有任何输出。在阅读小说时，主要是享受阅读过程中情节与文笔带给思想和心灵的触动或共鸣，所以输出并非重点。但对于致用类书籍而言，输出能够反向促进输入，有助于检验自己对书中有用内容的吸收和应用情况。

明确了原因后，就能制订相应的改善计划了，也就是在上述三个方面做出改变。

其一，在阅读之前先确定阅读目的，思考为什么要读这本书，期望从书中找到哪些问题的答案或者解决哪些问题。带着这些问题开始阅读，就像是给自己安装了一个探索的"探测器"。

其二，在阅读过程中带着问题去寻找答案和对自己有用的内容，"探测器"能让自己更轻松、更高效地找到自己所需的"宝藏"。阅读的视角从以往以作者为中心转变为以我为中心，而不是被作者牵着走。我曾经尝试给整本书绘制思维导图或者把所有关键内容整理成读书笔记，这实际上是从作者的角度，按照作者的逻辑对整本书进行事无巨细的总结，阅读的主体依然是作者，并且这样做会耗费读者大量的精力，很多内容整理好后就只躺在笔记软件里，再也没被翻看过。实际上，自己从书中获得了什么，比整理出精美的思维导图或者读书笔记更重要。

其三，阅读之后撰写读书心得，总结并整理根据问题从书中找到的答案，以及对自己有用的观点或方法，还有如何在日后的工作或生活中应用这些方法的行动计划。这样就把阅读这件事从单纯的"读"的动作转变为"使用"知识的动作，真正实现了致用类书籍"学以致用"的目的。

通过以上复盘，我归纳出了自己独特的"高效阅读法"，其中包括阅读之前的"以终为始"、阅读之中的"以我为主"以及阅读之后的"学以致用"这三个要点。经过反复实践，我熟练掌握了这个方法，在阅读实用方法类书籍时大幅提高了阅读效率和效果。

表 5.2　KISS 复盘—阅读方法改进示范案例

复盘项		负责人	截止日期
做得好的方面（keep）	1.对读书保持热情		
	2.每天读书的习惯		
	3.随身携带一本书、随时随地进行阅读的习惯		
有待改善的方面（improve）	1.不带任何目的和问题的阅读		
	2.从头到尾一字不落的阅读		
	3.阅读之后没有任何输出		
计划开始哪些行动（start）	1.阅读之前先列问题，想清楚阅读目的和期待		
	2.根据目的和问题，通过略读，从目录中选出重点阅读的章节		
	3.阅读之后写读书笔记，总结收获和应用计划		
计划停止哪些行动（stop）	1.整理整本书的画思维导图或读书笔记		
	2.……		
	3.……		

　　这就是复盘给予自己的能够持续进步和自我提升的作用。由于这是我个人的复盘，所以各项行动的负责人都是我本人；要是团队进行复盘的话，则要为每一项行动确定一位负责人，从而确保行动能够得到落实并顺利推进。

如果没有复盘，很容易陷入一种低水平的重复性伪勤奋状态，看似是一个有着多年工作经验的职场老手，实际上不过是把多年的经验重复使用罢了。而有了复盘这个动作之后，所收获的就是真正意义上的多年工作经验，是一个不断更新和成长的自己。

实操练习

现在，请你也运用READ复盘法和KISS复盘模板来做一次复盘练习。这个复盘练习可以是对自己过去一个季度、半年或者一年的个人复盘，也可以和你的团队共同做一个项目复盘，还可以是团队对于过去一个季度、半年或者一年的集体复盘。

练习时间：_____

以上便是SPEED高效能管理系统的全部内容。该系统通过四个步骤来提升效能，使时间成为自己的"好帮手"，助力自己达成目标、收获成果。时间管理意味着选择对的事情去做，并且把事情做对。这种大道至简的核心概念需要依靠科学实用的方法论来贯彻和达成。规划让自己能够选择对的事情去做，而计划、执行以及交付则是一步一步地把事情做对。

二十六载光阴流转，这柄效能之剑被反复锻打，而今终于磨砺而成，散发着"高效能"的锋芒，助你在未来的进化之路上破茧、驰骋，照见本心，行稳致远。